LA LEYENDA DE JAUN DE ALZATE

COLECCIÓN AUSTRAL

N.º 177

PÍO BAROJA

LA LEYENDA DE
JAUN DE ALZATE

SEXTA EDICIÓN

ESPASA-CALPE, S. A.

MADRID

Ediciones especialmente autorizadas por el autor para la

COLECCIÓN AUSTRAL

Primera edición: 9 - IV - 1941
Segunda edición: 25 - IV - 1945
Tercera edición: 25 -   X   - 1947
Cuarta edición: 17 - IV - 1964
Quinta edición: 25 - VIII - 1972
Sexta edición: 20 - XII - 1977

Depósito legal: M. 39.222—1977

ISBN 84—239—0177—7

●

●

Impreso en España
Printed in Spain

Acabado de imprimir el día 20 de dicicembre de 1977

Talleres gráficos de la Editorial Espasa-Calpe, S. A.
Carretera de Irún, km. 12,200. Madrid-34

ÍNDICE

SEGUNDA PARTE

ENTRE LAS OLERÍAS Y LA NAVIDAD

TERCERA PARTE

LOS MORADORES DEL BIDASOA

CUARTA PARTE

LOCURAS Y REALIDADES

QUINTA PARTE

ALEGRÍA Y TRISTEZA

HABLA EL AUTOR

Perdonadme si antes de comenzar la representación de mi obra aparezco en el tablado, haciendo las veces de Prólogo, a dirigiros un saludo. Yo soy el autor de LA LEYENDA DE JAUN DE ALZATE, *soy un poeta aldeano, poeta humilde, de un humilde país, del país del Bidasoa.*

El objeto principal de mi LEYENDA *es cantar esta tierra y este río. Nuestra comarca es pequeña y sin grandes horizontes, es verdad; mi canto será también pequeño y sin grandes horizontes. No lo siento. Tengo más simpatía por lo pequeño que por lo enorme y lo colosal.*

Os voy a presentar, con un ligero aparato escénico, cómico, lírico, fantástico, escenas vascas de la comarca mía con LA LEYENDA DE JAUN DE ALZATE.

Como hombre de campo, no poseo conocimiento del arte teatral, no sé mover los muñecos en el retablo y no espero congregar a un verdadero público, pero quiero creer que ese público existe, para ser tradicionalista en literatura y comenzar mi obra con un prólogo.

Así, pues, amable y enteléquico público, aunque no tengas realidad objetiva, como decimos los filósofos, voy a darte algunas explicaciones acerca de esta leyenda. Yo la llamo leyenda, pero verdaderamente no sé lo que es, no he pensado en ningún modelo al escribirla, y voy componiéndola a la buena ventura, echando en el saco todo lo que me viene a la imaginación. Mi héroe es Jaun de Alzate, o sea el señor de Alzate. Los Jaun de Alzate eran de los más antiguos parientes mayores del país vasco: venían de una familia tan vieja como el monte Larrun.

Una ligera digresión etimológica.

Alzate, en vascuence, quiere decir abundancia de alisos, y el aliso es un árbol mágico en la mitología centroeuropea. Del aliso procede la mujer, como el hombre procede del fresno. Contra esta etimología alisal se pronuncia un amigo vascófilo que supone que la palabra vasca, alza, alça, debía de representar primitivamente la idea genérica del árbol, como la sánscrita alka, muy semejante a ella, significa también el árbol en general, y entonces Alzate valdría tanto como abundancia de árboles o arboleda.

Ahora una pequeña divagación genealógica.

Según un genealogista, el primer Alzate se llamaba Eguzqui (Sol), y su madre, Illargui (Luna). Otro investigador añade que un abuelo de nuestro héroe, en su juventud, mató a un dragón que se escondía en una cueva del monte Labiaga. Apoyándose en estos datos, ha habido erudito que ha considerado a Jaun de Alzate como un mito solar. No lo creemos: para nosotros (y hablamos en plural, como si fuéramos muchos), para nosotros, Jaun de Alzate vivió, tuvo una existencia real en el mundo de los fenómenos.

¿Quién era Jaun de Alzate? Jaun de Alzate, en su tiempo, fue un guerrero esforzado y un sabio, un hombre noble, de un noble espíritu.

Hoy el solar de Alzate está aniquilado. Tres casas blancas como tres palomas en el nido de un águila ocupan el sitio de la vieja torre, a orillas de Lamiocingo-erreca, el arroyo de las Lamias, que marcha a desembocar en el Bidasoa.

De la antigua casa y castillo de Jaun sólo quedan unos muros ruinosos y una escalera cubierta de musgo que baja al arroyo.

Durante mucho tiempo la casa de Alzate estuvo desmantelada, con los paredones negros, tapizados de hiedra, los tejados llenos de líquenes y parietarias, las ventanas rotas, con guirnaldas de enredaderas silvestres, y las chimeneas caídas. Sus habitaciones bajas, con los suelos y los techos agujereados, sirvieron de morada a los mendigos, a los gitanos y a los paragüeros ambulantes; los desvanes, a las ratas, a los mochuelos y a las lechuzas...

El recuerdo de Jaun de Alzate desapareció hace tiempo de la memoria de las gentes; su figura se perdió en la oscuridad del tiempo, como el agua de Lamiocingo-erreca se pierde en el Bidasoa y, después, en el Océano; pero el poeta humilde ha salvado esta historia, la ha recogido en el mar de los papeles viejos y pergaminos polvorientos y la va a presentar a vuestros ojos con algunas interpolaciones más o menos caprichosas.

LA LEYENDA DE JAUN DE ALZATE es una leyenda de la Edad Media, a la que quizá no haya sabido dar el autor un carácter medieval. Transcurre en Alzate y en Easo. Cierto que yo tengo pocos datos de lo que ocurría en Alzate y en Easo en plena Edad Media, pero me fío de la intuición. ¿Quién sabrá si acierto o si yerro? Nadie, probablemente.

Alguno dirá: Aquí hay enormes anacronismos. Seguramente. Así, por ejemplo, se habla en la primera parte de mi LEYENDA de la recolección del maíz, a pesar de que la mayoría asegura que esta planta viene de América. Podría haber puesto, en vez de la recolección del maíz, la del mijo, semilla cultivada por los antiguos vascos; pero unos comedores de mijo me hubieran dado la impresión de que nuestros ascendientes eran jilgueros, o canarios.

Puesto en la pendiente de los anacronismos, me he dejado deslizar por ella sin protesta. También en esto me fío de la intuición.

Ahora, como los antiguos contaban en el prólogo los argumentos de sus obras, yo lo podría hacer aquí, pero no creo que con ello excitara vuestra curiosidad. Intuición también. Así, pues, no relataré de antemano las incidencias del destino de mi personaje, sino que las indicaré a medida que se vayan desenvolviendo en el tiempo.

He compuesto y escrito mi obra a la ligera, en ratos cortos de alegría y en ratos largos de dolor: a veces, con un poco de risa; a veces, con un poco de llanto; así es triste y alegre, más triste que alegre, pero siempre cambiante, como esos días locos de nuestra tierra: nublados, lluviosos y con algunos rayos de sol...

Antes de que llegue la época en que las presas y los saltos de agua hayan desfigurado definitivamente el Bidasoa, el pequeño río de nuestro pequeño país; antes que los postes sustituyan a los árboles y las paredes de cemento a los setos vivos, y los tornillos a las flores; antes de que no queden más leyendas que las de las placas del Sagrado Corazón de Jesús y las de la Unión y el Fénix Español, quiero cantar nuestra comarca en su estado natural y primitivo, y expresar, aunque sea de una manera deficiente y torpe, el encanto y la gracia de esta tierra dulce y amable.

No, no es que yo sea de las momias aspirantes a la inmovilidad del mundo; no es que yo forme parte de la cofradía de los badulaques que quieren despreciar la Ciencia, la Ciencia admirable que crea, que imagina y que inventa —la única religión de Europa—; pero sí soy de los que abominan de la industrialización estólida hecha a beneficio de maestros de obras y de contratistas.

Antes, pues, de que nuestra comarca haya perdido todo su carácter y todo su encanto, voy a presentar ante vuestros ojos unas escenas vascas de época remota con La leyenda de Jaun de Alzate...

Ciertamente nuestro rincón del Bidasoa no tiene brillante cultura, ni esplendorosa historia; no hay en él grandes montes, ni grandes valles, ni magníficas ciudades; pero no por eso dejan de cantar los ruiseñores en las enramadas las noches de verano y las alondras en los prados las mañanas de sol.

Para nosotros, los entusiastas de esta tierra, es el país del Bidasoa como una canción dulce, ligera, conocida, siempre vieja y siempre nueva.

Este clima mudable y cambiante se armoniza con el tono de nuestro espíritu; su versatilidad nos halaga y nos distrae, y la preferimos, con mucho, a la inmovilidad pomposa de otras tierras y de otros climas.

Sí; nuestro país es un país humilde, pero es un país sonriente e ingenuo, y cuando el sol de otoño lo ilumina con su luz dorada, cuando en las tardes de domingo los campesinos bailan en las plazas de los pueblos al son del silbo y del tamboril, para ti, poeta, es un país encantador...

Y ahora, para seguir siendo tradicionalista en literatura, dejadme concluir con una invocación de esas que son el tópico acostumbrado de todos los prólogos antiguos:

¡Oh, Lamias! ¡Oh, Sirenas! ¡Oh, Espíritus de los bosques! ¡Oh, viejo Thor, el del caldero! ¡Dad a mi voz ronca un poco de dulzura y armonía! ¡Dad frescura a mi imaginación, ya cansada; dadme un poco de aliento, porque quiero presentar ante vuestros ojos unas escenas vascas de época remota con La leyenda de Jaun de Alzate!...

INTERMEDIO

El coro

La aurora comienza a sonreir en el cielo. La aldea está desierta. ¿Quién es ese hombre feroz de ojos torvos y de barba roja que pasa subido en un carro tirado por machos cabríos? ¿Por qué lleva un caldero en la cabeza? ¿Es un hombre o es un dios? Es Thor, Urtzi Thor, hijo de la Tierra, el más fuerte de los dioses. Urtzi Thor se detiene y contempla el caserío de Alzate y habla melancólicamente. ¡Oigamos, oigamos lo que dice!

Urtzi Thor

¡Adiós! ¡Adiós, Pirineos próximos al Océano! ¡Montes suaves y luminosos! ¡Valles verdes y templados! ¡Aldeas sonrientes y sonoras! ¡Adiós, viejos vascos altivos y joviales de perfil aguileño! ¡Adiós, mozas alegres y danzarinas! Me vuelvo a mis desiertos helados. ¡Adiós! ¡Adiós!

PRIMERA PARTE

VIDA TRANQUILA

I

EN LA TORRE DE JAUN

El barrio de Alzate de Vera del Bidasoa es, en esta época, una aldea independiente, gobernada por Jaun, su patrón. El barrio se halla formado por una calle de casas grandes, negras, con balcones llenos de flores, tejados llenos de musgo y puertas estrechas como de fortaleza.

La torre de Jaun se encuentra a orillas de un arroyo llamado Lamiocingo-erreca; es una casa castillo grande, negra y destartalada. Se entra en ella atravesando un puente pequeño que salva el arroyo; se pasa una puerta baja, gótica, con el escudo de Alzate, dos lobos negros en campo de oro, y se sale a un zaguán embaldosado de piedra, con dos columnas, dos bancos y una porción de argollas para atar las caballerías.

Hay también en el zaguán un carro, un montón de heno y enseres de labranza. A mano izquierda del zaguán parte la escalera de roble, con barandado de gruesos barrotes; a mano derecha está la cocina, y, enfrente, la puerta de la cuadra, de la que llegan los mugidos de los bueyes.

La cocina es espaciosa y negra, con vigas en el techo; hay una gran mesa en medio y una chimenea con el hogar espacioso, de piedra.

Dentro de la campana de la chimenea hay dos bancos de madera. En el hogar arde un hermoso fuego de troncos de roble. La vieja de Alzate, la madre de Jaun, sentada en uno de los bancos, hila el lino dorado y da vueltas al huso rápidamente. De cuando en cuando riñe al gato y al perro, que se calientan al fuego; de cuando en cuando interrumpe su faena y echa brazadas de retamas y de árgomas secas que dejan un buen olor en el aire.

Dos chicos, sus nietos, se acercan a la abuela a cada paso a pedirle algo.

En la piedra del hogar se asan manzanas, y en un tambor grande de hierro, castañas, que a cada paso sueltan tiros.

Es de noche, y tiempo de otoño. Jaun, su madre, su mujer Usoa, sus dos hijos mayores y sus nueras acaban de cenar.

Jaun es alto, esbelto, de cuarenta y cinco años; tiene los ojos azules claros, el color bueno, la barba que empieza a blanquear, y el aire atrevido y resuelto. Cuando entra y sale de casa, silba como el tordo, y cuando quiere convocar a sus amigos y partidarios en lugares secretos y desiertos, con propósito de guerra y de rapiña, canta como el búho o aúlla como el lobo.

Cumple los preceptos de la religión naturista de los vascos; acompaña a Arbeláiz, el sacerdote, a hacer una hoguera en la cumbre de la montaña en ciertos días, y baila en los claros del bosque con sus convecinos, a la luz de la luna, las noches de plenilunio.

Usoa.—Hoy vienen nuestros vecinos a deshojar el maíz.

Jaun.—¡Ah! Muy bien. ¿Por eso tenéis castañas y manzanas al fuego?

Usoa.—Sí, por eso.

Jaun.—¿Habéis traído vino?

Usoa.—Sí.

La madre de Jaun.—¡Vino! Ahora todo el mundo bebe vino. ¡Qué vergüenza!

Jaun.—¿En tu tiempo no se bebía vino, madre?

La madre de Jaun.—No. Ya lo creo que no; pero ahora no hay más que vicios.

Los chicos.—¡Abuela! Cuéntanos un cuento.

La madre de Jaun.—Luego, más tarde.

Los chicos.—No; ahora, ahora.

La madre de Jaun.—Bueno; ya os lo contaré.

Va viniendo a la cocina gente joven, mozos y mozas, se echan grandes fardos de maíz en el suelo y se coloca en la pared una antorcha y un candil. El dueño de la casa, Jaun, su amigo Arbeláiz y otros hombres, ya maduros, están instalados delante de la chimenea; la mujer de Jaun y las casadas se colocan cerca de ellos; los mozos y las mozas, a quienes la luz y el fuego estorban, se sientan en corro en un extremo, y van tomando las panochas del montón y deshojándolas. La gente joven ríe a carcajadas, y los hombres y las viejas no saben nunca a punto fijo por qué.

Cuando van acabando la operación de deshojar las panochas y quedan montones de mazorcas doradas y rojas, chicos y chicas se levantan; las mozas comen castañas y manzanas y beben sidra en vasos de madera. Algún mozo les ofrece aguardiente, y ellas, al beberlo, carraspean y escupen. Se amontonan las mazorcas en los rincones, se arrastra la mesa cerca de la pared; un mozo saca una cornamusa; el otro, un pito del bolsillo, y comienza el baile. Se oyen las pisadas rítmicas de los bailarines y el castañeteo de los dedos.

UNA VOZ

Zagarra, lori, lori,
dembora denian
gazteac ancac ariñ
soñua jotzian.

(En el tiempo de la manzana gorda, gorda, los jóvenes mueven rápidamente las piernas.)

JAUN.—¡Cómo saltan esas chicas, amigo Arbeláiz! ¡La juventud! ¡La juventud! Es algo hermoso.

ARBELÁIZ.—Y algo también muy pasajero.

(Arbeláiz es hombre alto, de larga barba blanca y de ojos brillantes. Es el sacerdote, el que hace los augurios en el pueblo.)

JAUN.—Cuando veo a esa Pamposha tan guapa, siento la edad como un remordimiento.

ARBELÁIZ.—¿Quién es la Pamposha?

JAUN.—La hija de Balezta.

ARBELÁIZ.—¡Ah! Sí.

JAUN.—Pienso también con envidia en ese derecho que se reservan todavía algunos señores feudales.

ARBELÁIZ.—¡El derecho de pernada!

JAUN.—El mismo. ¡Qué cínicos! La verdad es que cuando veo estas chicas tan guapas, siente uno no ser más feudal. ¿No crees tú, Arbeláiz, que podía reaccionar un poco e implantar esas costumbres feudales?

ARBELÁIZ.—¡Bah! Me parece que, a pesar de no ser feudal, no por eso has dejado de ser un gallito.

JAUN.—¿Tú crees?

ARBELÁIZ.—A ver. Yo conozco más de cuatro caseríos donde hay algún muchacho que tiene tus ojos.

JAUN.—Yo también conozco alguno donde el tipo de Arbeláiz se perpetúa, y no es en tu casa.

ARBELÁIZ.—Calumnias... ¡Yo!, un pobre sacerdote.

JAUN.—¡Farsante! ¡Como si no conociéramos tus conquistas!

ARBELÁIZ.—Locuras de la juventud. Pero ahora que soy viejo lo comprendo.

JAUN.—Pues yo me siento todavía un chico, dispuesto a emprender nuevas aventuras y viajes.

ARBELÁIZ.—Sin embargo, tienes tus cuarenta y seis años.

JAUN.—Estos aires de Larrun parece que le conservan a uno siempre verde. También hay que reconocer que en nuestro tiempo las mujeres eran más libres que ahora, aunque digan lo contrario.

ARBELÁIZ.—Lo de ahora es mejor.

JAUN.—Yo le oía a mi abuelo contar de su abuelo que, en tiempo de éste, los hijos se consideraban de las madres más que de los padres. La mujer se quedaba en el caserío, el hombre era pastor y se marchaba: iba y venía.

ARBELÁIZ.—Lo de ahora es mejor.

JAUN.—Sí, nos parece más respetable. En ese tiempo pasado el hombre vivía más suelto...

ARBELÁIZ.—Lo que a ti te parece bien.

JAUN.—¡Ah, claro!

ARBELÁIZ.—Ya es hora del reposo, Jaun, porque tú no has hecho una vida tranquila como la mayoría; has guerreado en Francia y España..., has viajado...

JAUN.—Sí, y he navegado también un poco.

ARBELÁIZ.—¿Has navegado también?

JAUN.—Sí, con los normandos en la Punta del puerto de Bayona.

ARBELÁIZ.—¿Con esos terribles piratas?

JAUN.—En mi tiempo era buena gente. Ellos me enseñaron a leer y un poco de latín.

ARBELÁIZ.—¡Qué extraño!

JAUN.—Entonces Bayona era una hermosa ciudad activa, culta y próspera. Ahora parece que decae.

ARBELÁIZ.—La verdad es que empezaste la vida como un aventurero.

JAUN.—Y la voy acabando como un buen campesino sedentario.

ARBELÁIZ.—Todavía ¡quién sabe!

JAUN.—No, no. Te hablo con un poco de jactancia de aventuras y de viajes, pero no me creas.

ARBELÁIZ.—La cabra tira al monte.

JAUN.—Estoy dispuesto a no tener más aventuras ni de guerra ni de amor. No, no; no quiero inquietudes ni disgustos, sino vivir monótonamente con mi vieja Usoa, cuidar mis ganados y trabajar mis tierras; no quiero más. Ni nuevas gentes, ni nuevos conocimientos.

II

CONVERSACIONES

Ahora, en la cocina de la torre de Alzate, bailan desenfrenadamente mozos y mozas. Entre ellos, Barrendegui, Ezponda y Lizardi se lucen por su apostura. La Arguiya, la Belcha y la Pamposha son las muchachas más admiradas. La Arguiya es alta, con los ojos claros, la tez blanca y las trenzas rubias; la Belcha es morena, trigueña, con los ojos negros y melancólicos; la Pamposha no es rubia ni morena, pero es encantadora: tiene agilidad de serpiente, ojos que brillan y labios que sonríen con una sonrisa graciosa y burlona.

LIZARDI.—*(A Pamposha.)* ¡Si tú me quisieras! ¿Por qué no me has de decir que sí?

PAMPOSHA.—¡Yo...!, ¡ja... ja...!

LIZARDI.—¿Es que quieres a otro?

PAMPOSHA.—¿Si quiero a otro...? No, chico, no... ¡ja... ja...!

LIZARDI.—Todos te parecen bien para reir, para bailar.

PAMPOSHA.—Claro que sí. ¿Y por qué no? ; ¡ja... ja... ja...!

LA ARGUIYA.—*(A Ezponda.)* Tienes que decirle a tu madre que somos novios.

EZPONDA.—Sí, sí...; ya le diré.

LA ARGUIYA.—Pero ¿cuándo?

EZPONDA.—¡Pse!, cuando venga bien.

LA ARGUIYA.—Siempre me estás diciendo lo mismo. Me estás engañando, ya lo sé. No haces más que mirar a la Belcha y a las demás mujeres.

(Basurdi [el Jabalí], el criado de Jaun, que tiene la cabeza grande, los ojos pequeños y brillantes, que es comilón y gordinflón y sigue a las muchachas, habla con la Illopa, que es algo tonta.)

BASURDI.—¿No irás luego a la cuadra?

LA ILLOPA.—No.

BASURDI.—¿Por qué no? Ya vas con otros.

LA ILLOPA.—Si me das algo, ya iré.

LA ABUELA DE OLAZÁBAL.—Toma, sí un poco de *thantha*, la gota. Es cosa buena para la tristeza del estómago.

LA ABUELA DE ZARRATEA.—Una copa o dos yo ya suelo tomar ; lo demás sería vicio.

LA ABUELA DE OLAZÁBAL.—Sí, pero a nuestra edad viene bien. ¡Con estas humedades...!

LA ABUELA DE ZARRATEA.—¡Y con las penas que una ha tenido!

LA ABUELA DE OLAZÁBAL.—Un poco ya hace bien, ya. Para quitar el flato.

LA ABUELA DE ZARRATEA.—Y la melancolía..., porque con estas desgracias que una ha tenido..., y luego la vida está... tan cara...

LA ABUELA DE OLAZÁBAL.—Es un horror... ; no sé adónde vamos a ir a parar. Has visto estas chicas, ¡qué descaradas! En nuestro tiempo nosotras no éramos así.

LA ABUELA DE ZARRATEA.—¡Claro que no! Teníamos mucha más vergüenza.

LA ABUELA DE OLAZÁBAL.—En cambio, los mozos ¡qué guapos son!, ¡qué galantes!

LA ABUELA DE ZARRATEA.—Yo no sé cómo hacen caso a estas chicas tan desvergonzadas y que no tienen, después de todo, ningún atractivo.

LA ABUELA DE OLAZÁBAL.—Absolutamente ninguno. Esa Pamposha no vale nada.

LA ABUELA DE ZARRATEA.—¡Y la Arguiya, con esos pelos que parecen barbas de maíz!

LA ABUELA DE OLAZÁBAL.—¡Y la Belcha, con ese color tan feo!

LA ABUELA DE ZARRATEA.—Sí, la verdad es que los hombres tienen un gusto bien raro.

LA ABUELA DE OLAZÁBAL.—¿Tomaremos otro poco de *thantha?*

LA ABUELA DE ZARRATEA.—Un poco nada más..., sólo para probar.

LA ABUELA DE OLAZÁBAL.—No te dé miedo. ¡Con estas humedades!

LA ABUELA DE ZARRATEA.—¡Y con las penas y los desengaños que una ha tenido!

(Beben las dos)

EL VIEJO DE FRIXU-BAITA.—¡Qué guapas están estas muchachas, amigo Lecu-eder!

EL VIEJO DE LECU-EDER.—Yo creo que son más guapas que las de nuestro tiempo.

EL VIEJO DE FRIXU-BAITA.—Sí, tienes razón; en cambio, los mozos no son como éramos nosotros. Nosotros nos mostrábamos más galantes, más obsequiosos. Éstos han perdido ya todas las formas.

EL VIEJO DE LECU-EDER.—Petulantes, majaderos, sin gracia. Es incomprensible cómo les hacen caso estas chicas.

EL VIEJO DE FRIXU-BAITA.—Sí, es verdad, es incomprensible.

EL VIEJO DE LECU-EDER.—¡Cómo degenera el mundo!

UNA VOZ

Baratzaco picuac
iru chorten ditu
nesca mutil zalia
ancac arinditu
ancac ariña eta
barua ariñago
dantzan obeto daqui
arto jorran baño.
Ay, Ene! Nic ere nainuque!
Ay, Ene! Zuc naibazenduque!

(Las higueras de la huerta tienen tres ramas: La chica aficionada a los chicos mueve las piernas; las piernas muy ligeras y la cabeza más ligera aún, mejor sabe bailar que escarbar el maíz. ¡Ay, Ene! ¡Yo también quisiera! ¡Ay, Ene! ¡Si tú quisieras!)

(La gente sigue bailando)

III

¡BEBED, CANTAD, BAILAD, AMIGOS!

JAUN.—*(Que se siente alegre, dirigiéndose a su gente.)*
¡Bebed, cantad, bailad, amigos! La vida es corta y la juventud se pasa pronto.

Yo soy vuestro patrón, vuestro jefe y vuestro camara-
da, y me regocijo de veros alegres, satisfechos y contentos.
Nosotros somos gentes humildes, ignorantes, pero gentes
de corazón; despreciamos la mezquindad y la hipocresía,
y amamos todo cuanto sea grande, noble y fuerte. En la
guerra con nuestros vecinos hemos peleado juntos; en la
paz hemos trabajado la tierra con los mismos bueyes.

¡Bebed, cantad, bailad, amigos! La vida es corta y la juventud se pasa pronto.

Nosotros no aspiramos a vivir más que nuestra vida os-
cura con un aliciente de alegría y de fantasía. Los de
Alzate somos así: un poco sensuales, un poco poetas, un
poco músicos, un poco fantásticos. Llenemos de nuevo la
copa y apurémosla hasta las heces.

¡Bebed, cantad, bailad, amigos! La vida es corta y la juventud se pasa pronto.

Ésa es toda nuestra filosofía. Mañana llegará la muerte
en la guerra o en la paz. La recibiremos bravamente. La
alegría es buena y la risa también. ¡Alegraos, divertíos, reíd,
vosotros que sois jóvenes!

¡Bebed, cantad, bailad, amigos! La vida es corta y la
juventud se pasa pronto.

IV

CALMA DE LA NOCHE

Ahora ha cesado el baile; toda la gente de la torre de Alzate,
mozos y mozas, se han marchado a sus casas. Se han oído algunos
irrintzis a lo lejos. La noche está tibia, la aldea duerme en la oscuridad. Las estrellas brillan en el cielo, ligeras nieblas corren por entre
los árboles, el rocío va humedeciendo las flores, los bueyes mugen
en los establos y el arroyo de las Lamias parece dedicado a contarse
a sí mismo sus secretos.

V

UNA TARDE DE OTOÑO

Unas semanas después. Tarde de otoño. El cielo está azul, con grandes nubes rosadas de nácar. El sol, amarillo, dora las faldas de los montes, en donde se han enrojecido los helechos y las hojas de los árboles. La naturaleza, soñolienta y perezosa, se deja acariciar por esta luz del crepúsculo. En las zonas de aire incendiadas por ráfagas de sol se ven nubes de insectos. En el cielo, buitres de vuelo reposado cruzan majestuosos. La caída de la tarde tiene algo tranquilo e idílico.

Se respira un olor de humedad, de hojas secas, olor de otoño; hay una dulce languidez en el viento templado, un aire de nostalgia en las nubes de color de rosa, que se presentan por encima de las crestas de los montes como banderas en triunfo.

En las faldas de las colinas las hogueras echan bocanadas de humo negro.

En la huerta de la casa de Alzate reina gran tranquilidad. Los árboles frutales empiezan a desposeerse de sus hojas, y en el prado, las manzanas caen silenciosamente sobre la hierba y corren por el talud.

Jaun se halla sentado en el cenador de su huerta, cerca de la tapia, en un banco de piedra, al que dan sombra un manzano y una higuera llenos de fruta.

Cerca de la tapia corre el arroyo Lamiocingo-erreca. En este momento el arroyo tiene luces de escarlata, y las libélulas, con sus alas de tul, cambiantes de color, su cuerpo fino y recto y sus ojos abultados rasan el agua con rapidez. Algún martín pescador cruza volando.

Jaun mira el campo con el pensamiento vacío. En la huerta revolotean las mariposas blancas, cantan pájaros de pecho colorado, zumban los moscardones, corren las lagartijas en las tapias y las telas de araña complicadas se exhiben al sol como encajes. El gato acecha a los pájaros estirándose y encogiéndose con movimientos de pantera.

Algunas rosas quedan todavía en los rosales, ya con pocas hojas, y otras flores tardías brillan en el pequeño jardín próximo al cenador.

Este jardín, rojo por el otoño, tiene el color de una cabellera de mujer rubia.

De la heredad próxima, dos criados de Jaun traen calabazas de varios colores, cestas de manzanas y fardos de judías, que van a extender en un balcón corrido al sol.

USOA.—*(Saliendo al balcón.)* ¿Quieres venir, Jaun?
JAUN.—Ya voy.

Jaun cruza la huerta, entra en la bodega y va a encontrarse con su mujer.

Dentro de la torre, en los cuartos grandes, penetra la luz tamizada por la verdura de los prados.

Pasa la tarde, el otoño mueve sus cendales de bruma sobre la falda de los montes. Comienza a salir de las chimeneas de las casas vecinas el humo azul, suave y sin fuerza, humo que se deshace en hebras tenues en el aire.

Las chimeneas negras, al anochecer, toman un aspecto de fantasmas, tristes y pensativos. Este humo azul que sale de las viviendas aldeanas tiene algo de oración y de incienso; habla de las vidas humildes de los campesinos, de la abuela que echa ramas al fuego y mece al mismo tiempo la cuna del niño canturreando, mientras el hombre de la casa lleva a beber los bueyes al arroyo y la dueña trae la comida para los animales del corral.

VI

PROYECTO DE VIAJE

JAUN.—¿Y por qué me llamabas, Usoa?

USOA.—He pensado que debes ir a Easo, Jaun.

JAUN.—¿Para qué?

USOA.—No sabemos qué hace nuestra hija Ederra allí. Además, que tienes que cobrar algún dinero en Easo. Así te distraerás.

JAUN.—No necesito distraerme. Aquí estoy bien. No tengo ganas de salir de casa.

USOA.—Sí, pero debes ir.

JAUN.—La verdad, preferiría no ir.

USOA.—Te estás haciendo muy perezoso.

JAUN.—Nos estamos haciendo viejos.

USOA.—Lo que es tú, no lo parece. ¿Conque irás, eh?

JAUN.—Bueno. Se lo diremos a Arbeláiz para que haga el augurio del viaje por el vuelo de los pájaros.

USOA.—Ya lo ha hecho.

JAUN.—¿Con resultado feliz?

USOA.—Sí. Él te va a acompañar. También irá Basurdi.

JAUN.—¡Valiente animal! Este Basurdi no sirve para nada.

USOA.—Al otro criado lo necesitamos para la sidra.

JAUN.—Bueno. Está bien. Iré con Basurdi, aunque me había propuesto no viajar más con él.

USOA.—Te tengo que poner en una cesta algunos regalos para Ederra.

JAUN.—Y si van Arbeláiz y Basurdi, ¿para qué voy a ir yo?

USOA.—Mira, la verdad, quisiera que fueras, porque me han dicho que Ederra tiene un novio, y creo que es castellano y católico. Sería conveniente que le conocieras a ese joven.

JAUN.—Bueno, ya le veré. ¿A ti no te gustaría que se casara nuestra hija con un forastero?

USOA.—A mí, no; yo preferiría que se casara con uno del país y de nuestras creencias.

JAUN.—¡Ah, claro!

USOA.—También va la Pamposha de Balezta a Easo.

JAUN.—¡Ah...!; ¿va la Pamphosa?

USOA.—Sí. Va a ir a Easo, y desde allí a Sara.

JAUN.—¡Ah! ¿La Pamposha se marcha a Sara?

USOA.—Sí.

JAUN.—¿Y qué va a hacer en Sara?

USOA.—Creo que se va a casar.

JAUN.—¿Tan mal estamos de mozos aquí que no ha encontrado uno que le guste?

USOA.—Sin duda.

JAUN.—Bueno. ¿Y cuánto tiempo estaré yo en Easo?

USOA.—El que quieras..., una semana o dos.

JAUN.—Está bien. No dirás que no soy complaciente. ¿Tienes que hacerme algún otro encargo?

USOA.—Que no bebas vino ni licores. Ya sabes que te hacen daño.

JAUN.—No beberé.

USOA.—Entonces te prepararé el equipaje. ¿Quieres salir mañana por la mañana?

JAUN.—Bueno.

USOA.—Avisaremos a Arbeláiz y a la Pamposha, y le dirás a Basurdi que prepare los caballos.

JAUN.—Está bien.

VII

PRESENTIMIENTOS

JAUN.—Siento como terror, como presentimiento de que me va a ir mal en este viaje. ¡Ah! Quizá sean aprensiones y tonterías. Va la Pamposha y la voy a acompañar. Esto es agradable. ¿Por qué tendré este presentimiento?

CORO DE ESPÍRITUS.—Inútil es que te opongas al destino, Jaun. Todo lo que es, es porque debe ser. Si vuestro sino no está determinado, si vuestras acciones no son fatales, porque no están escritas de antemano en ningún libro de bronce ni de papel, son tan necesarias como todo lo que existe en la naturaleza.

VIII

LA MAÑANA

Al día siguiente, por la mañana. El barrio de Alzate duerme envuelto en la niebla; de las chimeneas de las casas sale el humo tenue, oración matinal de la vida humilde, y comienzan a cantar los gallos. Jaun baja a la cuadra y echa un vistazo a sus cabalgaduras.

JAUN.—¡Eh, Basurdi! ¡Animal! Despiértate.

BASURDI.—Siempre viene a fastidiarme este hombre.

JAUN.—¿Has dado de beber a los caballos?

BASURDI.—No.

JAUN.—Pues ¿qué haces, estúpido?

BASURDI.—Es asqueroso esto de ser criado, injusto y odioso; tiene uno que estar pendiente de los caprichos del amo, que quiere esto o lo otro... ¡Qué fastidio! ¡Qué pesadez! ¡Si fuera uno rico! No haría nada. ¡Mis criados lo harían todo!

USOA.—¿Ya está el equipaje bien colocado?

JAUN.—Sí. Basurdi, ¡a ver mis armas!

BASURDI.—Aquí tiene la espada y las azconas. ¿Yo llevaré algo?

JAUN.—Lleva el cuerno.

BASURDI.—¡El cuerno! Este hombre siempre quiere desacreditarme. Llevaré una espada.

JAUN.—No, no. ¡Para la ayuda que me sueles prestar! Cuando fui con Bildoch y contigo y nos atacaron los de Zabaleta en el camino de Sumbilla, tú huiste.

BASURDI.—¡Ah! ¡Claro! ¡Iba a dejarme matar como Bildoch!

JAUN.—Claro que sí.

BASURDI.—Será una opinión. No es la mía. Yo no soy amigo de trifulcas; que me dejen en paz, como yo dejo a los demás.

JAUN.—Tú no eres un jabalí, como te llaman, sino sólo cerdo.

BASURDI.—Prefiero ser cerdo vivo que hombre muerto. No todos podrán decir lo mismo.

JAUN.—¿Quiénes no pueden decir lo mismo?

BASURDI.—Pues los que se han muerto.

JAUN.—Calla, bruto. Me dan ganas de echarte a puntapiés de aquí. Eres tan bruto como egoísta, y tan egoísta como desagradecido.

BASURDI.—¿Dónde están los listos, los agradecidos y los no egoístas? Me gustaría conocerlos.

JAUN.—Bien. Está bien. Coge el cuerno, y no hablemos más.

BASURDI.—Ya hay otros que podían llevar el cuerno mejor que yo.

JAUN.—Tú lo llevarás tarde o temprano. No te apures.

BASURDI.—O no.

JAUN.—Toma este caballo de la rienda para que la Pamposha monte a la puerta de su casa de Balezta.

BASURDI.—¿Va a venir con nosotros esa chica?

JAUN.—Sí, y cuidado con tus palabras.

BASURDI.—¡Bah! Ésa ya estará acostumbrada a oir todo lo que yo pueda decir.

JAUN.—Si está acostumbrada, como si no lo está, harás el favor de no decir groserías delante de ella.

BASURDI.—Yo no suelo decir groserías.

JAUN.—Sí. Tu eres un caballero de la Tabla Redonda.

BASURDI.—Ya sé que no. Y este otro jaco, ¿para quién es?

JAUN.—Es para Arbeláiz, que se nos reunirá en Erricoechea.

(Jaun se viste el capote de lana parda y monta a caballo; Basurdi lleva las otras cabalgaduras de la brida.)

IX

CAMINO DE EASO

Jaun y Basurdi se han parado en la calle de Alzate, a la puerta de una casa que se llama Balezta.

JAUN.—*(Llamando.)* ¡Eup! ¡Eup!

EL BALLESTERO.—¿Quién llama?

JAUN.—Soy yo, Jaun de Alzate. ¿No viene tu hija a Easo?

EL BALLESTERO.—Sí, ahora baja. ¡Pamposha! ¡Pamposha!

PAMPOSHA.—Ya voy. ¡Qué prisa! ¡Buenos días, Jaun!

JAUN.—¡Buenos días, Pamposha! Estás fresca como una mañana de primavera.

BASURDI.—Habría que ver si está fresca. Yo creo todo lo contrario.

PAMPOSHA.—Gracias, Jaun. ¡Qué risa!..., ¡ja... ja...! ; ¿tengo que montar?

JAUN.—Sí.

PAMPOSHA.—Pues no sé montar.

JAUN.—Yo te ayudaré. ¡Hala!

BASURDI.—El patrón, por si acaso, ya le ha agarrado de la cintura.

EL BALLESTERO.—Tú me cuidarás de la hija, Jaun.

JAUN.—Descuida, en el camino no le pasará nada.

EL BALLESTERO.—Es un poco loquilla. A tu cargo queda, ¿eh?

JAUN.—Bueno Sí. Está bien. ¡Basurdi!

BASURDI.—¿Qué?

JAUN.—Vete a buscar a Arbeláiz.

(Van Jaun y la Pamposha hasta reunirse con Arbeláiz, y marchan por el camino de Easo. Al pasar por delante de Vera contemplan la iglesia que están construyendo los cristianos.)

ARBELÁIZ.—La verdad es que nuestras ideas y nuestras costumbres vascas corren ya un gran peligro. El cristianismo avanza por todas partes. Todo nos quieren quitar esos cristianos, esos cultores, para sustituir nuestras prácticas. ¿Y por qué? Por discursos en latín que no entendemos.

JAUN.—Tienes razón, Arbeláiz: nos quieren quitar nuestras venerandas tradiciones vascas e implantar la religión nueva con sus dogmas judíos. Yo me opondré con toda mi fuerza, aunque mi fuerza no sea mucha.

ARBELÁIZ.—Eres el señor de Alzate.

JAUN.—¡Bah! Cien casas y unas cuantas bordas.

ARBELÁIZ.—Tienes buenas amistades: los de Gamboa, en España ; los de Urtubi, en Francia.

JAUN.—Sí, pero todos se van haciendo cristianos.

Arbeláiz.—La verdad es que esos cristianos son hábiles. Se apoderan de todo y tienen cada vez más importancia. ¡Qué iglesias! ¡Qué conventos! ¡Qué copas de oro! ¡Qué ropas! En cambio, nosotros, los que permanecemos fieles a Urtzi, nos contentamos con una capa de lana y una corona de muérdago.

Jaun.—¿Tú crees que nuestros dioses ya no tendrán fuerza, Arbeláiz?

Arbeláiz.—Quizá se han cansado, pero yo creo que volverán a tener un período de esplendor.

Jaun.—¿Y si hubieran muerto?

Arbeláiz.—Yo creo que Urtzi y Leheren y los demás tienen todavía obra que hacer. Morirán, sí, pero no tan pronto. Por ahora, nuestros dioses son eficaces; consiguen lo que deseamos. Tú lo has visto repetidas veces.

Jaun.—Es verdad.

Arbeláiz.—En cambio, los cristianos están ahí rezando y rezando, repitiendo palabras en un idioma que casi no comprenden. ¿Y para qué? Para nada.

Jaun.—Y, sin embargo, dicen que nosotros somos los torpes, que ellos saben la única verdad.

Arbeláiz.—Es cierto; así dicen.

Jaun.—Alguna virtud debe de haber en sus ideas.

Arbeláiz.—¿Tú crees?

Jaun.—Sin duda alguna. Si no fuera así, ¿por qué correría el cristianismo por el mundo?

Arbeláiz.—Tienes razón. Es para preocupar.

Jaun.—Ahora los cristianos de Easo empezarán las Navidades.

Arbeláiz.—Sí; primero hay las fiestas de las olerías, que allí tienen cierto esplendor.

Basurdi.—¡Qué perspectiva! Un río de vino va a pasar por mi garganta.

Arbeláiz.—Al mismo tiempo que los cristianos celebran su fiesta, nosotros celebraremos el nacimiento del Sol, y así podremos confundirnos unos con otros, sin disputar y sin que haya celos. Nosotros somos menos intransigentes que ellos.

X

LA PAMPOSHA SE ABURRE

PAMPOSHA.—Jaun.

JAUN.—¿Qué tienes, hija mía?

PAMPOSHA.—Que yo no puedo ir así. Me voy a caer.

JAUN.—¿Quieres que vayamos más despacio?

PAMPOSHA.—No. ¿No podría llevarnos tu caballo a los dos? Así yo tendría dónde sujetarme.

JAUN.—Bueno. Baja del tuyo, y cuando lleguemos cerca de una piedra alta saltas sobre el mío.

(La Pamposha baja de su caballo y sube al otro con agilidad y se agarra a la cintura de Jaun.)

JAUN.—¡Qué ligereza ahora!

PAMPOSHA.—Cuando quiero soy muy ligera. No sigáis hablando de esas cosas, Jaun.

JAUN.—¿De qué cosas?

PAMPOSHA.—De cosas serias. Me aburrís mucho.

JAUN.—¿De qué quieres que hablemos?

PAMPOSHA.—De amores y de algo alegre.

JAUN.—Somos viejos para eso, Pamposha. Basurdi es todavía joven, pero es un animal.

PAMPOSHA.—Basurdi..., ¡ja... ja...! ; ¡que risa me da!

XI

SHAGUIT, EL LOCO

Pasan por el barrio de Zalain. Un hombre chiquito, con una caperuza roja, canta al verles.

SHAGUIT

Arre, arre, mandoco ;
biyar, Iruñaraco.
    Andic cer ecarrico?
Zapata eta guerrico
oc guciac norentzaco? .
    Gure. aur politarentzaco.

(¡Arre, arre, mula! Mañana irás a Pamplona. ¿De allá qué me traerás? Zapatos y un cinturón. ¿Todo eso, para quién? Para nuestro niño, el más bonito.)

BASURDI.—¿Qué haces, Shaguit?

SHAGUIT.—Estoy cantando para divertirme.

BASURDI.—¿Cómo va esa cabeza, loco?

SHAGUIT.—Bien, aunque no ha crecido tanto corno la tuya.

BASURDI.—*(Levantando el palo.)* Loco del diablo. Te voy a dar...

JAUN.—¡Eh! ¡Eh! Despacio, despacio. Por ahora no se nota que este hombre sea más loco que tú.

SHAGUIT.—¿Tú eres el señor de Alzate?

JAUN.—Sí, y tú, ¿quién eres?

SHAGUIT.—¿No me conoces a mí?

JAUN.—No.

SHAGUIT.—Yo soy cantor, y loco, según dicen todos. Ando por los campos y por los pueblos, canto canciones alegres en las bodas y en las fiestas, y me dan de comer.

JAUN.—Eres un poeta, entonces.

SHAGUIT.—Me puedes llamar como quieras. Soy un pobre, pero un pobre satisfecho. No pretendo tener dinero, porque el dinero no me sirve para nada ; no he pretendido tener mujer, y si quisiera ser el alcalde de mi pueblo, la gente se reiría de mí. y yo también.

JAUN.—Entonces eres un sabio.

SHAGUIT.—Quizá ; pero todo el mundo dice que soy loco.

JAUN.—¿Adónde vas ahora?

SHAGUIT.—Voy a Easo. ¿Por qué no me dejas ir contigo?

JAUN.—Sube al caballo que lleva las alforjas.

SHAGUIT.—Gracias, patrón. *(Señalando a Pamposha.)* ¿Ésa es tu mujer?

JAUN.—No ; mi mujer es más vieja.

SHAGUIT.—Sí ; es tu mujer.

JAUN.—No ; aunque no perdería en el cambio.

PAMPOSHA.—¡Ja... ja...! ¡Qué risa!

(Los viajeros avanzan en el camino y llegan a una barriada de Easo, cerrada con la cadena, en donde tienen que bajar. Es la aduana. Basurdi se mezcla entre la gente y agarra de la cintura a una muchacha.)

JAUN.—*(Gritando.)* ¡Basurdi! Ven aquí. Te voy a romper la cabeza, por bruto, si te veo agarrar de la cintura a las chicas.

BASURDI.—Si a ellas les gusta.

JAUN.—¡A ellas les gusta! ¡Animal!

SHAGUIT.—¡Animal! ¡Animal!

(Basurdi le da un empujón)

JAUN.—¡Basurdi! Tú eres demasiado bruto para ir a Easo. Te voy a hacer volver a Alzate.

PAMPHOSA.—Dejadle ; a mí me da mucha risa.

JAUN.—Lo que es de éste no se dirá que los viajes sirven para completar la educación, porque cada vez está más bruto, más ordinario y más cerril.

ARBELÁIZ.—Bueno. Esto de la aduana está despachado. ¡Vamos a Easo!

JAUN.—¡Vamos!

XII

DISCUSIONES

Jaun, Arbeláiz y la Pamposha se han instalado en casa de Andria, hermana de Jaun, casada con el señor de Choriburu. A Basurdi le han mandado a un caserío próximo. Jaun nota que su hija, su hermana y su cuñado hablan siempre con misterio. Preocupado, se entera y averigua que todos se han hecho cristianos.

JAUN.—¿Así que os habéis hecho cristianos?

CHORIBURU.—Sí ; nos hemos bautizado.

JAUN.—¿Mi hermana también?

CHORIBURU.—También.

JAUN.—¿Y Ederra, mi hija?

CHORIBURU.—Es de las cristianas más entusiastas de Easo.

JAUN.—¿Habéis catequizado a mi hija?

CHORIBURU.—Ha sido por su propia voluntad, puedes creerlo, por lo que ha entrado en el seno de la religión. Cuando venga de la misa pregúntaselo a ella.

JAUN.—Está bien. Está bien. ¡Nos hemos lucido!

CHORIBURU.—Tú ingresarás también en el catolicismo.

JAUN.—Yo, no ; yo, no. ¿Qué quiere decir católico?

CHORIBURU.—Universal.

JAUN.—Yo no seré universal nunca: me contento con ser de Alzate.

CHORIBURU.—Cuando sepáis la verdad ingresaréis todos en la Iglesia. Vivís ahora en la idolatría, en un mundo lleno de errores y de vicios.

JAUN.—¿Qué errores? ¿Qué vicios hay en Alzate? ¿Me lo quieres decir?

CHORIBURU.—Adoráis al Sol, a la Luna, a las estrellas.

JAUN.—¿Y por qué no?

CHORIBURU.—Rendís culto a las bestias.

JAUN.—No es cierto.

CHORIBURU.—Tenéis al macho cabrío como dios.

JAUN.—Es un símbolo de un pueblo pastor. Vosotros los cristianos, ¿no tenéis el cordero?

CHORIBURU.—Sois bárbaros y atrasados.

JAUN.—En cambio, vosotros sois más hipócritas y más fanáticos que nosotros.

CHORIBURU.—Tiene contestación a todo este palurdo. Bueno ; ahí tienes a tu hija, que vuelve de la iglesia. No la llames Ederra. Se llama ahora María.

(Entra Ederra)

JAUN.—¡Ederra, hija mía! ¿Es verdad que has abandonado nuestra creencia y te has hecho cristiana?

EDERRA.—Sí, padre, me he bautizado. Ahora me llamo María.

JAUN.—Para mí siempre serás Ederra. ¿Y por qué has dejado nuestras viejas tradiciones vascas?

EDERRA.—Porque me han enseñado la verdad.

JAUN.—¡La verdad!, ¡la verdad! Cada pueblo tiene su verdad. El catolicismo será la verdad de los forasteros, de los maquetos, pero no la nuestra.

EDERRA.—Padre, no blasfemes ; tú no la conoces.

JAUN.—¡Yo no la conozco! Tampoco conozco la religión de los chinos ; pero yo te digo que donde estén los dioses de los cristianos pueden ponerse Urtzi, Leheren y los demás dioses vascos.

EDERRA.—Todo eso es idolatría, padre. Los cristianos no tenemos más que un Dios, el único Dios, el Eterno, el Omnipotente. Hoy vendrá el padre Mamertus y te explicará los principios y los misterios de la religión nuestra, de la religión verdadera.

JAUN.—¿Cómo? ¿Vuestra religión tiene misterios? Yo creí que la verdad no tenía misterios.

EDERRA.—Tú te convencerás, padre. Voy a rezar por tu conversión.

XIII

SOLILOQUIO

JAUN.—No me convenceré, porque no le pienso oir. A mí que no me venga ningún fraile a catequizarme. Si viene, le doy un trancazo que lo reviento. ¡Ahí tienes lo que has hecho trayendo a tu hija aquí! Ha abandonado su religión ; pronto olvidará su idioma por el latín ; lo olvidaré yo, y estaremos todos declinando *Musa, musæ* y cantando:

> Los en *um* sin excepción
> del género neutro son.

Y a nosotros nos dominarán también esos curas histriónicos con sus dioses judíos, y llegará un día en que Alzate tenga una iglesia cultora con sus campanas, que nos despertarán cuando estemos durmiendo. *Finis Vasconiæ!* Hasta yo quiero decir palabras en latín. ¡Qué miseria!

XIV

EL PORVENIR DE EDERRA

JAUN.—¡Andria, querida!

ANDRIA.—Llámame Ana ; así me llaman desde que me he bautizado.

JAUN.—¡Ni los nombres vascos queréis conservar! Pues bien, Ana.

ANDRIA.—¿Qué?

JAUN.—Dame una segunda copa de vino.

ANDRIA.—Si has bebido ya seis.

JAUN.—Me habré equivocado en la cuenta ; para mí es la segunda. ¿Qué te parece lo que ha hecho mi hija?

ANDRIA.—Muy bien. Tú debías hacer lo mismo: bautizarte.

JAUN.—¡Bautizarme! ¿Por qué? Primero tendrían que mostrarme que mi religión es falsa y que la vuestra es verdadera.

ANDRIA.—Pero eso es evidente.

JAUN.—Yo no lo veo así.

ANDRIA.—Bautízate y lo verás.

JAUN.—Yo, no. ¿Y tú crees que Ederra no querrá casarse ya con ninguno que no sea cristiano?

ANDRIA.—Tengo la seguridad. Es más: creo que está en relaciones con un joven castellano católico llamado Anselmus.

JAUN.—¿Con Anselmus? ¿Con ese fatuo? ¿Con ese maqueto?

ANDRIA.—Le he oído decir a Ederra varias veces: No me casaré más que con Anselmus, o iré al convento.

JAUN.—Pues es una broma ; pero yo encontraré pretendientes de más categoría social para mi hija y la convenceré de que deje a Anselmus.

ANDRIA.—Creo que será imposible.

JAUN.—¡En fin, ya veremos!

XV

LOS PRETENDIENTES

ARBELÁIZ.—He pensado en lo que me dijiste el otro día, y he encontrado unos pretendientes para tu hija que no son cristianos.

JAUN.—¿Quiénes son?

ARBELÁIZ.—Te los presentaré.

JAUN.—¿Los has hablado?

ARBELÁIZ.—Sí.

JAUN.—Pues tráelos, si quieres, para que yo los conozca. Les hablaré y veré qué me parecen.

ARBELÁIZ.—Te los traeré ahora mismo.

(Arbeláiz sale y vuelve al poco rato con un joven flaco y cetrino vestido con una túnica negra.)

ARBELÁIZ.—Aquí tienes a Zacarías Pimienta, el judío de Tudela.

ZACARÍAS.—He oído a tu amigo Arbeláiz que tienes una hija casadera. Yo soy dueño de una casa de banca en Tudela que me da pingües rentas. He comprado muchas fincas de la ciudad, y presto a los ricos y a los pobres con un modesto beneficio de ciento cincuenta por ciento al mes. Si eres rico, como dice tu amigo Arbeláiz, dime la dote en dinero que has de dar a tu hija, y, si me conviene, yo te prometo, por el padre Abraham, que me casaré con ella.

JAUN.—Amigo Pimienta, ¿qué quieres? No tengo simpatía ni por los judíos ni por las especias.

ZACARÍAS.—No podéis comprendernos a los israelitas. Sois de raza inferior a la nuestra.

JAUN.—Muy bajos debemos de ser si somos inferiores a vosotros.

ZACARÍAS.—Sois como los cafres.

JAUN.—¡Bueno, bueno! Vete a envenenar el mundo con tus pagarés y tus socaliñas comerciales.

ZACARÍAS.—Que las aves malas te coman, maldito; que pierdas la luz de tus ojos y caigas en tierra y se abrase tu cuerpo...

JAUN.—Estoy por pegarle un puntapié a este buen israelita.

ARBELÁIZ.—No lo hagas: tendrías que pagarle una crecida indemnización.

JAUN.—Entonces, que se vaya.

ARBELÁIZ.—Te traeré otro de los pretendientes.

(Sale Arbeláiz y vuelve con un turco)

JAUN.—¡Un turco!

ARBELÁIZ.—Todo un turco. Solimán Mustafá.

SOLIMÁN.—Dios te dé, señor, la fuerza del león y la prudencia de la serpiente.

JAUN.—Que Urtzi Thor te dé a ti el vuelo del águila y la calma del limaco.

SOLIMÁN.—Que tu corazón sea como un rosal florecido.

JAUN.—¡Gracias!

SOLIMÁN.—Me han dicho que tienes una hija casadera y que no guardas los prejuicios de estos perros cristianos acerca del matrimonio. Si es así, y te ofrezco confianza, dame tu hija; yo me casaré con ella y la llevaré al harén, donde vivirá con mis otras mujeres una vida tranquila y dichosa.

JAUN.—Honrado Solimán: sospecho que contigo Ederra no sería feliz. Nuestras chicas vascas quieren reinar solas en el corazón de su marido, y creo que tu solo nombre, ¡oh Solimán!, a mi hija le parecería un veneno.

SOLIMÁN.—Así, ¿qué no te convengo?

JAUN.—No me convienes.

(Arbeláiz viene con Haroldo, el vikingo. Haroldo está vestido como un guerrero, con insignias paganas.)

HAROLDO.—Desde niño me he batido constantemente y he visto humear mi lanza roja de sangre en los campos de batalla. He matado con mi propia mano cientos de enemigos; he bebido la cerveza negra en copas talladas en cráneos, y he cantado el himno del rey escandinavo Ragnarus Lodbrok:

Bibemus cerevisiam brevi
ex concavis craniorum poculis
in præstantis Odini domicilio.

Mi grito es: ¡Thor, ayuda! No obedezco a nadie; no respeto a nadie. Sé montar a caballo, saltar y nadar. Tengo mi barca corsaria llena de tesoros. Mi ideal es morir en el fragor de la batalla, y cuando Odin me llame a su palacio acudiré a él con la sonrisa en los labios. Si eres un guerrero y tu hija tiene un corazón fuerte, dámela.

JAUN.—Yo no soy tan fiero como tú, vikingo, ni mi hija tampoco. Eso de beber en los cráneos no me entusiasma; tú eres un guerrero feroz, yo soy un buen campesino; no nos entendemos.

ARBELÁIZ.—No encuentras árbol donde ahorcarte, Jaun. Vamos a ver si este pretendiente te gusta. Aquí tienes a Manish, el labortano.

MANISH.—Mis padres se empeñan en casarme, a la fuerza, con una mayorazga rica y fea, pero yo me opongo. He visto a tu hija y me ha gustado. ¿Quieres permitir que la hable?

JAUN.—¿Por qué no?

MANISH.—Soy de Suraide, donde tengo un hermoso caserío, grandes prados, campos de maíz y muchas vacas...

JAUN.—¿Así que eres de Suraide, de ese pueblo en donde las gentes tienen fama de ser comedores de salsas de cebollas?

MANISH.—No creas que somos más comedores de cebollas que los demás.

JAUN.—Y aunque lo fuerais. Sí, Manish, me gustaría que mi chica se casara contigo y fuera a vivir a tu tierra, tan amable y tan simpática. Vosotros sois vascos, como nosotros; ahora, que nosotros nos contagiamos con la altivez enfática de los castellanos, y vosotros de la vanidad de los galos. Si mi chica y tú os entendéis os daré mi consentimiento.

ARBELÁIZ.—Todavía falta otro pretendiente, Jaun.

JAUN.—Que venga.

ARBELÁIZ.—Aquí lo tienes.

ANSELMUS.—Yo soy Anselmus el castellano, y vengo a decirte que estas conferencias tuyas para casar a tu hija son completamente inútiles.

JAUN.—¿Cómo? ¿Es que pretendes intervenir en mis asuntos?

ANSELMUS.—No son estos asuntos sólo tuyos, sino de tu hija, y, por lo tanto, me interesan a mí.

JAUN.—¡Qué tupé!

ANSELMUS.—Es posible, Jaun, que digas que soy un maqueto, fanfarrón y petulante; es posible que creas que soy de un país de pobretes haraganes que se las echan de príncipes y son unos mendigos; pero yo soy Anselmus el castellano, y Anselmus el castellano es el preferido de tu hija, y quieras tú, o no quieras, ella será mía.

JAUN.—Hablas con mucha arrogancia.

ANSELMUS.—No; hablo con seguridad.

JAUN.—¿Tan seguro estás de ella?

ANSELMUS.—Sí. Ella y yo nos hemos jurado amor eterno y no habrá fuerza humana que nos separe.

JAUN.—Bien. Está bien. Estos castellanos son fogosos. Pues si es así, no digo nada en contra; casaos y sed felices. ¡Qué demonio! Nunca hago lo que me propongo.

INTERMEDIO

EL CORO

Urtzi Thor, Urtzi Thor, el fuerte, el de los ojos torvos y de la barba roja, ha subido al monte Larrun y contempla el terreno intrincado de España, los picos agudos, los valles húmedos, las faldas verdes de las colinas. ¿Adónde vas, Urtzi Thor? ¿Por qué te alejas?

URTZI THOR

¡Adiós! ¡Adiós, Pirineos próximos al Océano! ¡Montes suaves y luminosos! ¡Valles verdes y templados! ¡Aldeas sonrientes y sonoras! ¡Adiós, viejos vascos altivos y joviales de perfil aguileño! ¡Adiós, mozas alegres y danzarinas! Me vuelvo a mis desiertos helados. ¡Adiós! ¡Adiós!

SEGUNDA PARTE

ENTRE LAS OLERÍAS Y LA NAVIDAD

PRÓLOGO DE LOS DIABLOS

CHIQUI.—Quizá alguno de vosotros me conozca; quizá, no. Soy un poco gnomo y un poco diablo. Estoy empleado desde hace tiempo en la cueva de Zugarramurdi, y he venido a Easo con la misión de vigilar a Jaun de Alzate, no sea que mi hombre vaya a tener la humorada de hacerse cristiano. Estoy aquí con un compañero diablo que, verdaderamente, es un tanto cerril y que vigila a Basurdi, y a quien haré hablar para que le conozcáis. ¡Eh, tú, Martín, habla!

MARTÍN ZIQUIN.—No sé por qué quieren que hable yo ante la gente. No sé por qué; aquí estamos, como sabéis, en Easo, ciudad vasca romanizada, y los cristianos van a celebrar, primero, las olerías y, después, la Navidad. Al mismo tiempo, los vascos celebran el solsticio del Sol, la Fiesta de Joel, y mi sabio colega Chiqui y yo, naturalmente, como diablos que somos, nos ponemos a favor de los idólatras y en contra de los cristianos. Las fiestas aquí son un poco movidas. Chiqui y yo excitamos a la gente al pecado. No hay gran necesidad. En las tabernas se cultiva la chopera mejor que en la orilla de los ríos. En el baile se hace cada *zirri* que tiembla el credo. Las chicas de este pueblo son así, templaditas —como el agua hirviendo—. Algunos chuscos las comparan con las patatas, muy frescas, al parecer, pero que cuando se calientan hay que dejarlas en el plato, porque abrasan. Nuestra misión, como ha dicho mi honorable colega el doctor Chiqui, es hacer que Jaun y su criado no se bauticen. Chiqui cultiva, con este fin, a Jaun ; y yo, a Basurdi. En fin, ya me conocéis, y para conocerme más, ahí va mi canción:

> Martín Ziquin
> Erregueren sorguin
> tipula eta gatz
> ipurdian atz.

(Martín el sucio, brujo del rey, cebolla y sal y picor en el trasero.)

UNO DEL PÚBLICO.—¡Qué asqueroso!

UNA VIEJA.—¡Qué escándalo! ¿Creo que ha dicho trasero, verdad?

OTRA VIEJA.—Sí ; ha dicho trasero.

UNA VIEJA.—Aquí va a venir el fin del mundo.

EL JEFE DE POLICÍA.—Esto es una inmoralidad. Agentes, ¡ojo a las manos de los espectadores... y de las espectadoras! La Sociedad de Padres de familia nos vigila. Las Damas católicas nos olfatean. Si Martín Ziquin vuelve a pronunciar la palabra trasero se le zampa en la cárcel, por muy diablo que sea.

I

INVITACIÓN

BASURDI.—¡Amo!

JAUN.—¿Qué hay?

BASURDI.—Tú me dejarás salir esta noche.

JAUN.—¿Pues? ¿Por qué? ¿Adónde vas?

BASURDI.—Tenemos cena en la taberna vinaria de Polus unos cuantos amigos.

JAUN.—¿Tienes amigos aquí?

BASURDI.—Sí ; convida Chiqui, un mozo de Zugarramurdi, muy distinguido. Hay una cena superior.

JAUN.—¿Sí, eh?

BASURDI.—Tenemos *cocochas* de merluza.

JAUN.—¡Diablo!

BASURDI.—Atún con cebolla.

JAUN.—¡Caramba!

BASURDI.—Unas angulas pescadas esta mañana en la ría, excelentes.

JAUN.—Me haces la boca agua.

BASURDI.—Y cordero lechal que han traído de Pompeyópolis.

JAUN.—Eso es un banquete.

BASURDI.—Tenemos también unas anchoas y unas sardinas...

JAUN.—¡Qué barbaridad!

BASURDI.—De vino, contamos con un clarete, de Rioja, superior ; con otro, de Alicante, archisuperior, y con un aguardiente que quita la cabeza.

JAUN.—Os vais a emborrachar.

BASURDI.—¡Ah! Chiqui me ha dicho que si Arbeláiz y tú queréis asistir a la cena se considerarán muy honrados.

JAUN.—Se lo diré a Arbeláiz.

II

EN LA TABERNA VINARIA DE POLUS

La taberna vinaria de Polus se halla cerca de la plaza de Easo. En un cuarto cerrado están Lecochandeguius, Martín Ziquin, Jaun, Arbeláiz, Basurdi, Shaguit y dos pedagogos, el maestro Macrosophos y el licenciado Sabihondus. Los dos pedagogos llevan sotana raída y birrete. Macrosophos tiene los ojos abultados y la nariz larga, gruesa y roja; Sabihondus es doctoral y pedantesco.

LECOCHANDEGUIUS.—Señores: estamos encantados de recibir en el seno de nuestra Sociedad a dos forasteros ilustres, como Jaun de Alzate y el venerable Arbeláiz.

JAUN.—¡Ah!, ¿pero esto es una Sociedad?

LECOCHANDEGUIUS.—Somos los Capelomágnicos de Vidaso, vulgo Chapelaundis del Bidasoa.

JAUN.—No me digas más.

LECOCHANDEGUIUS.—Sí. Somos los Chapelaundis del Bidasoa, gente de boina grande y de corazón grande. Entre nosotros no hay rencillas ni mezquindades. Vivir y reir.

beber y volver a reir: ése es el programa de los Capelo-mágnicos.

CHIQUI.—Compañero: has hablado muy bien ; y yo, aun-que sea un pobre diablo, estoy conforme contigo.

MACROSOPHOS.—Y yo también. *Bibere et vivere:* ése es el gran secreto.

JAUN.—¿Quién es este señor?

CHIQUI.—Es el maestro **Macro**sophos, el **gran** pedagogo, sapientísimo en letras divinas y humanas, doctor de Sala-manca, de Alcalá, de París, de Pavía, etc. Sabe el latín como el propio Cicerón ; pero su especialidad es el vino. Dadle unos torneses grandes o chicos, y en seguida le veréis en la taberna. Su nariz roja es la brújula de su ciencia vinática.

JAUN.—¿Qué trae ahora entre manos el maestro Macro-sophos? ¿Qué opina de las cuestiones graves del momento?

MACROSOPHOS.—Opino... que debemos ponernos a cenar cuanto antes.

SABIHONDUS.—Este Macrosophos es de una penetración, de una sapiencia verdaderamente extraordinaria y mara-villosa.

(*Se ponen todos a cenar, y durante largo tiempo*
permanecen callados y comiendo)

CHIQUI.—¿Qué tal la cena?

SABIHONDUS.—Suculentísima.

CHIQUI.—¿Y este vino de taberna?

MACROSOPHOS.—Excelentísimo ; digo como Salimbenus:

Mihi sapit dulcius vinum de taberna.
Quand quod aquœ miscuit prœsulis pincerna.

¿Entiendes el latín, Jaun?

JAUN.—Éste sí, porque parece romance. Únicamente *pin-cerna* no sé lo que significa.

MACROSOPHOS.—El escanciador, y en este caso, el ta-bernero.

(*Al final de la cena entran varias muchachas*)

CHIQUI.—¡Amigo Jaun!

JAUN.—¿Qué hay?

CHIQUI.—Te presento a Percheta, la costurera, que baila el fandango como los propios ángeles.

JAUN.—Encantado de conocerla.

CHIQUI.—*(A Arbeláiz.)* Ésta es la Gashina de Ciburu, del barrio de las cascarotas de San Juan de Luz. Un diablillo con faldas. Atiéndela cariñosamente.

ARBELÁIZ.—Con mil amores.

CHIQUI.—Ésta es Choralda, la pescadera.

MACROSOPHOS.—*Pulchra et satis pingüis,* o dicho en lenguaje vulgar, bonita y regordeta. Recuerda a la Venus Calipigia.

CHIQUI.—Ésta es la Erua y ésta es la Ariña. Ahora, jóvenes vestales, podéis tomar lo que os apetezca, sea un pastel, sea una copa, o lo que queráis.

(Las muchachas comen y beben)

LECOCHANDEGUIUS.—¡Hala! Vamos de aquí. A la música.

SHAGUIT.—Chomin, jozac trompeta ;
      Pello, non dez conqueta?

(Chomin, toca la trompeta ; Pello, ¿dónde tienes la taza?)

MACROSOPHOS.—Yo todavía tengo labor aquí.

(Mostrando un pastel de hojaldre y unas botellas llenas)

Que me dejen un momento con estas botellas y este hermoso pastel de *artolagamum,* o, dicho en lengua vulgar, hojaldre.

SABIHONDUS.—No podemos marcharnos. *Non possumus.*

BASURDI.—No sé para qué movernos de este rincón. Estamos en Easo..., en la mejor taberna de Easo, en el mejor cuarto de la taberna y con una buena cena. Yo me quedo.

SABIHONDUS.—Ese silogismo en sorites me ha convencido.

BASURDI.—¡Sorites! No sé qué es eso.

SABIHONDUS.—Te pondré un ejemplo claro en latín.

BASURDI.—¿En latín? ¿A mí?

SABIHONDUS.—Sí ; en latín de Séneca.

      Qui prudens est, et temperans est ;
      qui temperans est, et constans est ;
      qui constans, et imperturbatus est ;

MACROSOPHOS

Qui imperturbatus est, et sine tristitia est ;
qui sine tristitia est, et beatus est ;

SABIHONDUS

Ergo prudens beatus est, et prudentia
ad beatam vitam satis est.

BASURDI.—¡Amén!
MACROSOPHOS.—Esperemos un momento. El tiempo necesario para acabar con esta botella.
SABIHONDUS.—La acabaremos ; illico. Ya está.
MACROSOPHOS.—*Quod era demonstrandum*. Vamos.

(Salen todos a la calle ; pasa la gente corriendo y gritando. En un carro llevan un monigote de paja, alumbrado por hachas de viento. Es Olenzaro, personaje mítico, que representa las antiguas olerías. La gente canta a su paso.)

LA GENTE

Olenzaro, buru aundiya,
entendimentu gabia
bartarratzian eran emendu
amar erruco zaguia.
Au urde tripa aundía
zagar ustelez betia!
Orra, orra, gure Olenzaro,
pipa artzendubenic
ishirita dago.

(Olenzaro, cabeza grande, sin entendimiento, ayer por la noche ha bebido un pellejo de diez arrobas. ¡Qué cerdo de tripa grande, lleno de manzanas podridas! Ahí está nuestro Olenzaro, que ha tomado la pipa y está sentado.)

MACROSOPHOS.—¿Qué significa esto de Olenzaro, amigo Arbeláiz?

ARBELÁIZ.—Creo que es una burla de la religión de los vascos. Olentzar es el viejo Oel, o la fiesta antigua de Joel.

MACROSOPHOS.—Entendido. Joel, Yoel, Oel, Oelzarra, Olenzaro. Es muy posible lo que dices.

ARBELÁIZ.—A Olenzaro le han pintado como un tipo bruto y sin inteligencia. A Olenzaro le representan carbonero, porque tiene el culto del fuego y del Sol, como nosotros, y los cristianos le hacen convertirse al catolicismo.

JAUN.—Vamos a la plaza, Percheta. Me siento todavía ágil como un chico.

CHIQUI.—¡Hala! Vamos allí todo el mundo.

SHAGUIT

Bat, bi, iru, lau,
ezconduda mundu au
bost, sei, zazpi, zortzi,
diabruarequin. Ederqui.

(Una, dos, tres, cuatro — se ha casado este mundo — cinco, seis, siete, ocho — con el diablo. — Muy bien.)

LECOCHANDEGUIUS.—¡Aufa! ¡Aufa! ¡Vivan los Capelomágnicos!

SHAGUIT

Bederatzi, amar, amaica,
fraile bat arratoya,
amabi, amairu, amalau.
Ezcomberriyac mesa eman du gaur,
amabost, amasei, amazazpi,
ez gabiltza gaizqui.

(Nueve, diez, once — un fraile ratón — doce, trece, catorce — ha dicho la misa a los recién casados — quince, dieciséis, diecisiete — no vamos tan mal.)

SABIHONDUS.—*Bene, Bene.* Ésta es una canción para medir el paso. Veo que, a pesar de ser hombre ignaro, amigo Shaguit, sabes canciones amenas.

CHIQUI.—Bueno, ya estamos en la plaza. ¡Aquí, a bailar todo el mundo!

ARBELÁIZ.—Yo, la verdad, no sé... ¡Un sacerdote!

LECOCHANDEGUIUS. — Acércate mucho a la pareja, y ya está.

SABIHONDUS.—¿No hay más que hacer eso? ¿Apropincuarse?

CHIQUI.—Nada más.

ARBELÁIZ.—¡Pero esto es un fandango!

CHIQUI.—Sí.

MACROSOPHOS.—*Fandangus libidinosus... tripudius hilarius.*

CHIQUI.—Ahora la *quadrille,* estilo francés. Hay el derecho de besar a la pareja, pero sin abusar.

ARBELÁIZ.—¡Pero esto es un cancán!

SABIHONDUS.—*Cancanis scandalosus.*

MARTÍN ZIQUIN.—Y ahora el correcalles. Cada uno con su pareja... ¡Venga la bota! ¡Darle fuerte al tambor! ¡Ju... ju...! ¡aufa!

III

NOCHEBUENA

Han pasado unos días y estamos en Nochebuena.

¡Nochebuena!

Las campanas tocan.

Es el día del nacimiento de los dioses, Mithra y el Sol, Jesús y Baco.

¡Alegría! ¡Alegría!

¡Nochebuena!

En la ventana de la casa humilde brilla una luz. La familia se ha reunido alrededor de la chimenea, al amor de la lumbre.

El muérdago sagrado cuelga del techo.

Los chicos y los viejos cantan y tocan la pandereta.

¡Alegría! ¡Alegría!

¡Nochebuena!

Alguien ha hablado de los ausentes, de los viajeros que corren la tierra y el mar, de las miserias de la vida.

¡Tristeza! ¡Tristeza!

¡Nochebuena!

Alguien ha insistido más y ha recordado a los que hicieron el viaje al país desde donde no se vuelve nunca.

¡Tristeza! ¡Tristeza!

¡Nochebuena!

Alegría de vivir. Nochebuena. Tristeza de vivir. Solsticio del Sol. Misterio de las cosas. ¡Oh, nacimiento de los chicos! ¡Oh, Christmas de Dickens!

¡Alegría! ¡Alegría! ¡Tristeza! ¡Tristeza!

IV

EN LA IGLESIA

JAUN.—La verdad es que vamos empalmando las curdas de una manera indecente, Arbeláiz.

ARBELÁIZ.—Sí, no nos estamos luciendo. ¡Si se enteran en Alzate, buenos nos van a poner!

JAUN.—Y con razón. Pero, en fin, esto ya se acaba pronto.

EDERRA.—¡Padre! ¡Entra en la iglesia! ¡Si vieras qué bonita está! ¡Si vieras cómo brillan las luces y cómo huele el incienso! Hoy cantan villancicos en vascuence.

PAMPOSHA.—¡Oh! ; sí ; Jaun, ven con nosotras. Está muy bonita la iglesia.

(Jaun, un poco avergonzado, entra en el templo. Voces de mujeres y de niños cantan acompañándose de panderetas.)

VILLANCICO

Olenzaro juan zaigu
mendira lanera
intenziyuarequin
icatza eguitera
aditu zubenian
Jesús jayozala
etorrizan corrica
parte ematera.

*(Olenzaro se nos ha ido a trabajar al monte con la inten-
ción de hacer carbón y, en cuanto ha oído que nació Jesús,
vino corriendo a dar el aviso.)*

CHIQUI.—*(Al oído de Jaun.)* ¡Qué estilo! ¡Cómo corrom-
pen nuestro idioma! ¿Qué dirían los académicos de la Uni-
versidad de Lezo?

VILLANCICO

Artzai buru zuri bi
Anthon eta Peru
Belengo portalera
etorri zaizqui gu
zartudira barrena
Manuelcho en gana
presente eguindiyote
arcumecho bana.

*(Dos pastores de cabeza blanca, Antón y Pedro, han ve-
nido, han entrado dentro del portal de Belén y, en presencia
de Manolito, le han hecho el regalo de un cordero pequeño
cada uno.)*

CHIQUI.—¡Qué vulgaridades! ¡Qué tonterías! ¡No comprendo cómo los vascos se pueden entusiasmar con esos
mitos orientales de judíos y de africanos!

VILLANCICO

Ay au egunen
zoragarriya
au alegriya
pechuan
jartzac guerrico
josi berriya
chapel garbiya
buruan
capoy parea
escuan
onlaco gaba
santuan.

(¡Ay, qué día tan enloquecedor! ¡Qué alegría en el pecho! Pon el cinturón recientemente cosido, el sombrero nuevo en la cabeza, dos pares de capones en la mano,, para una noche tan santa.)

CHIQUI.—¡Qué falta de poesía! ¡Qué ramplón es lo cristiano! ¡Qué poco arte hay en todo esto!

VILLANCICO

Arratz gozoa,
nere Cathalin,
oberic ecin
arquitu
artzan mantalan
usa cumea
caicu esnea
neurritu
gauza gueyago
baneuque
zuretzat Jesús
liraque.

(Noche más hermosa, Catalina mía, no se podría encontrar; toma en el delantal unos pichones, pon en la jarra de madera la leche. Si más cosas tuviera, serían para ti, Jesús.)

CHIQUI.—¡Bah! ¡Bah! ¡Qué vulgaridades! ¡Qué música más ratonera! *(A Martín Ziquin, que ha entrado en la iglesia.)* ¿Qué pasa?

MARTÍN ZIQUIN.—¡Que están ahí esas chicas: la Percheta y las demás!

JAUN.—*(A Ederra y a Pamposha.)* Voy a salir un rato. Me llaman los amigos.

v

LOS DOS PEDAGOGOS

La taberna de Larrechipius tiene una gran bodega, con enormes barriles de sidra, y, en el fondo, un cuarto con una ventana que da a un jardín. En el cuarto se encuentran reunidos los mismos personajes que en días anteriores estaban en la taberna vinaria de Polus.

JAUN.—Basurdi.

BASURDI.—¿Qué?

JAUN.—Condúcete de una manera más decente. Estás comiendo como un cerdo.

BASURDI.—Como los demás.

JAUN.—No ; los demás no lo hacen de una manera tan fea, ni tan ansiosa como tú. Debes tener en cuenta que en ningún manual de educación encontrarás que las salsas se hayan hecho para lavarse la cara.

BASURDI.—*(Por lo bajo.)* ¡Así revientes! Siempre tienes que estar fastidiando.

JAUN.—Ya que te aceptan como compañero personas finas y de más calidad que tú, al menos no muestres la hilaza de tu natural grosero y plebeyo.

BASURDI.—Pues yo no sé qué hago.

JAUN.—¡Bueno, calla! Déjame oir la discusión de estos sabios.

SABIHONDUS.—Pues yo digo que sí, que se puede invitar honestamente a otro a beber, *ab hoc et ab hac,* un vaso *quod decitur chopera,* chato, etc., etc., sea de mostagán, de peleón, de pardillo, *et sic de cœteris.*

MACROSOPHOS.—*Respondeo* que no, que hay que dejar de beber al *arbitrium,* y que en las Capitulares de Carlomagno se prohíbe el obligar a beber a nadie, y se dice: *Ut nemini liceat alterum cogere ad bibendum.*

BASURDI.—¡Amén!

JAUN.—Cállate, animal, cuando se discuten cuestiones científicas.

BASURDI.—¡Así te mueras de repente! Siempre has de estar en contra de mí.

SABIHONDUS. — *(Ofreciendo una copa a Macrosophos.)* ¿Así que si yo, preclaro *magister,* te ofrezco esta copa pulquérrima, llena de generoso vino hasta los bordes, peco contra la amistad?

MACROSOPHOS.—*(Tomando la copa.)* Distinguo, caro colega, distinguo. Si a mí no me gustara el vino que me ofreces en esta copa pulquérrima y me obligaras por amistad a beberlo, pecarías ; pero a mí me gusta y lo bebo..., ergo no pecas. *(Se bebe la copa.)*

SABIHONDUS.—*¡Per Jovem! Indubie,* o, dicho en romance vulgar, indubitable. Pero yo no sé a priori si te gusta el vino o no ; me falta la certeza, *adæquatio rei et intellectus...,* ergo peco.

MACROSOPHOS.—*Nego majorem...* Tú sabes que me gusta el vino.

SABIHONDUS.—Lo sé, pero solámente de una manera empírica, y a posteriori no tengo el conocimiento de los universales.

MACROSOPHOS.—No ; tienes la certidumbre..., *certitudo.*

SABIHONDUS.—*¡Per Jovem!* ¿Y por qué la voy a tener, *magister?*

MACROSOPHOS.—Porque *Natura abhorret vacuum,* y mi estómago está siempre vacío.

SABIHONDUS.—¿Y cuando está lleno?

MACROSOPHOS.—Tiene también puntos vacíos. ¿Cuántas clases de vacío hay? Dos, ¿no es eso? El *vacuum concervatum* y el *vacuum disseminatum.* El *vacuum concervatum* es el vacío de todo aquello que está entre paredes, como mi estómago. Ahora bien, yo pregunto: ¿En mi estómago hay movimiento o no hay movimiento? Hay movimiento de sólidos y de líquidos. Donde hay movimiento hay vacío..., ergo en mi estómago hay vacío.

SABIHONDUS.—*¡Per Jovem!* Llevas tu agudeza demasiado lejos.

MACROSOPHOS.—Es que quieres enseñar a nadar a un pez: *Piscem natare doces.*

CHIQUI.—Macrosophos es un pozo de ciencia, mejor dicho, es un tonel de ciencia.

JAUN.—Sí ; parece hombre sabio.

CHIQUI.—Domina el trivium y el quadrivium.

JAUN.—No sé lo que es eso.

CHIQUI.—El trivium, o sea la gramática, la retórica y la lógica ; el quadrivium, en donde se comprenden la aritmética, la geometría, la astronomía y la música.

JAUN.—Muchas cosas son ésas.

CHIQUI.—Te las puede enseñar, si quieres.

JAUN. Yo soy un poco viejo para esos trotes. Además, no vivo aquí.

CHIQUI.—Respecto a ser viejo, no es verdad. Respecto a estar él en Easo, no importa, porque Macrosophos podría ir a Alzate.

JAUN.—Pero Macrosophos tendrá ocupación.

CHIQUI.—No, ahora se encuentra sin trabajo. Aunque le des poco sueldo irá, sobre todo si le ofreces abundante bebida.

JAUN.—No sé ; no me seduce la idea.

CHIQUI.—Es una excelente ocasión para instruirse. ¿Sabes escribir, amigo Jaun?

JAUN.—Así, así.

CHIQUI.—¿Y leer?

JAUN.—Sí ; bastante bien.

CHIQUI.—Pues tendrás al pedagogo en Alzate.

LA PERCHETA.—Dejaos de esas cosas. La cuestión es divertirse.

JAUN.—¡Ah!, Percheta, Percheta: tienes el fuego de la juventud ; yo ya soy viejo para competir contigo.

LA PERCHETA.—Pero eres un viejecito muy majo.

MARTÍN ZIQUIN.—¡Vino, más vino! A ver, ¿quién reina?, ¿quién impera en la taberna de Larrechipius? Nos falta todavía combustible para ponernos a tono.

BASURDI.—¡Vino, más vino!

SABIHONDUS.—¡Egregio Macrosophos!

MACROSOPHOS.—¿Qué hay, sapientísimo Sabihondus?

SABIHONDUS.—¿Sabes tú la *Defensa de los Borrachos* de Salimbenus, eximio Macrosophos?

MACROSOPHOS.—Sí.

(Recitando)

Tertio capitulo memero tabernam
illam nullo tempore sprevi, neque spernam
donec sanctos angelos venientes cernam
cantantes pro mortuo requiem æternam.

BASURDI.—Ora pro nobis.

JAUN.—Ya ha metido ése el cuezo.

MACROSOPHOS

Meum est propositum in taberna mori
vinum sit oppositum morientis ori
ut dicant cum venerint angelorum chori:
Deus sit propitius tanto potatori.

BASURDI.—¡Amén!
CHIQUI.—Vamos a la calle.
SABIHONDUS.—*Pergamus deambulatum.*

(En la taberna, abandonada)

LA DAMAJUANA.—¡Qué manera de beber! ¡Qué brutos!
Con gente así no hay damajuana ni bombona que resista.
LA BARRICA.—Tienes razón. Yo lo noto. Y ya ves qué
tripa tengo. No es raro que tú te quejes.

VI

EN LA CALLE

SABIHONDUS.—Señores: hay que cantar una canción bá-
quica y suburbana. ¡A ver tú, Shaguit! Una canción vascónica y jocunda.
SHAGUIT.—Allá va:

Tra, la, la, la, la, len,
instante bat egon gaiten.
Tra, la, la, la, la, la, lú,
oraiño untsa guituzu,
sarriño joanen dituzu,
joan bear eta ecin parti
erori eta ecin chuti,
chacurrac Guau!
Gatuac Ñau!
Arnuac untala eman nu gaur.

(Tra, la, la, la, len,—*Estemos en este sitio un instante.*—*Tra, la, la, la, la, la, lú,*—*hasta aquí vamos bien.*—

Pensamos marcharnos en seguida. — Tenemos que irnos y
no podemos. — Se cae uno y no puede ponerse derecho. —
El perro ¡Guau! — El gato ¡Ñau! — Hoy el vino nos ha
dado por esto.)

BASURDI.—¡Hi... ju... ju... ju...!

JAUN.—Eres un cínico, Basurdi. ¡Calla! No llames la
atención. Nos estamos desacreditando. ¿Qué dirán del señor de Alzate si le ven en este estado?

BASURDI.—Dirán que está borracho.

JAUN.—Y eso, ¿a ti no te importa nada?

BASURDI.—A mí, nada.

JAUN.—¿Ése es el respeto que tienes a tu amo?

BASURDI.—Aquí estamos de fiesta. ¡Qué diablo! Cada
cual que se las arregle a su manera.

SABIHONDUS.—A ver...; otra canción un poco satírica
y procaz.

BASURDI

Chicharrua ta berdela,
chicharrua ta berdela.

CHIQUI.—Amigo Basurdi: tienes una voz de becerro...
muy mate...

SABIHONDUS.—Esa canción es vulgarísima y onusta. Cierto que las musas aman los cantos alternados: *Amant alter-*
na Camœnœ ; pero no bájemos tanto. A ver tú, Shaguit,
tú que estás en potencia propincua, a pesar de ser hombre
ignaro, cántanos otra canción más obsoleta y menos con-
suetudinaria.

SHAGUIT

Ollarac jotzian cucurucú,
orduan echera juango guera gu:
batzuec ala,
bertziac onla ;
errana gatic acholaric eztugu.
Cucurucú!
Nor guera gu?
Alzatarrac guerade gu.

(Cuando el gallo cante el cucurucú, entonces iremos nosotros a casa: unos así, otros asá; no tenemos miedo de lo que se murmure de nosotros. ¡Cucurucú! ¿Quiénes somos? Somos de Alzate.)

JAUN.—Nos estamos desacreditando.

CORO DE ESPÍRITUS INVISIBLES.—¡Jaun! ¡Jaun! Tu alma va oscureciéndose y hundiéndose en el barro. No debes caer en los vicios embrutecedores; reflexiona; piensa: la vida no es revolcarse en los placeres como en un lodazal. El espíritu es un diamante que hay que pulimentar.

JAUN.—Voy a dejar esta cuadrilla de miserables borrachos y a meterme en casa. ¡Ya estoy!

VII

PAMPOSHA

Al llegar Jaun a casa de su cuñado, ve a Pamposha, que está asomada a la ventana.

JAUN.—¿Qué haces ahí en la ventana, Pamposha?

PAMPOSHA.—Estoy mirando las estrellas.

JAUN.—Pareces una deidad de la noche.

PAMPOSHA.—¿Quién sabe? Quizá lo sea.

JAUN.—Haces el efecto de una aparición mágica.

PAMPOSHA.—Pues soy muy real, Jaun.

JAUN.—Me lo figuro. Hace mucho frío para estar ahí quieta.

PAMPOSHA.—Yo no lo tengo.

JAUN.—Yo tampoco.

PAMPOSHA.—¿Estás ya de vuelta?

JAUN.—Sí.

PAMPOSHA.—Entonces bajo a abrirte.

(Baja Pamposha, abre la puerta y suben los dos)

JAUN.—¿Otra vez vas a la ventana?

PAMPOSHA.—Sí. ¡Hace una noche tan hermosa! ¿Será verdad que cada uno de nosotros tiene su estrella?

JAUN.—No sé. ¿Tú has encontrado la tuya?

PAMPOSHA.—Yo, todavía no,

JAUN,—Será difícil. ¡Como no tienen nombre!

PAMPOSHA.—Y aunque lo tuvieran, no sabría encontrarla. No sé leer.

JAUN.—¿No sabes leer?

PAMPOSHA.—No. En las letras no sé leer ; en mi corazón, sí.

JAUN.—¿Y qué lees en tu corazón?

PAMPOSHA.—Leo que está muy triste. En esta noche tan alegre para todos, mi corazón está de luto. Es como un pájaro prisionero que quiere escapar de la jaula.

JAUN.—¿Me voy?

PAMPOSHA.—¿Por qué?

JAUN.—¿Tú crees en el demonio de los cristianos, Pamposha?

PAMPOSHA.—¿Por qué me preguntas eso?

JAUN.—Porque me siento poseído por él. Te veo como un ogro puede ver la carne cruda. ¡Adiós!

PAMPOSHA.—Me dices ¡adiós!, pero no te vas.

JAUN.—Échame tú ; yo no tengo bastante valor para irme. Échame tú, o déjame que te bese.

PAMPOSHA.—Pues, bésame, si quieres.

VIII

POR LA MADRUGADA

JAUN.—¿Qué hacemos ahora? ¡Una muchacha que ha dejado su padre bajo mi protección! Me he lucido.

PAMPOSHA.—Tú no tienes la culpa, Jaun. Yo tengo la culpa de todo.

JAUN.—Te he robado el honor, como dicen los caste-llanos.

PAMPOSHA.—¡El honor! ¿De dónde? No lo he notado.

JAUN.—Es una manera de hablar... figurada.

PAMPOSHA.—Ya me chocaba que me hubieses robado algo.

JAUN.—Me siento como un gavilán que se ha lanzado sobre una pobre paloma.

PAMPOSHA.—Aquí la paloma está muy contenta en las garras del gavilán.

JAUN.—Sí, pero ¿qué hacemos?

PAMPOSHA.—Pues yo me iré a Sara, como he pensado.

JAUN.—¿No estás desesperada? ¿No me odias?

PAMPOSHA.—No, ¿por qué? Te he elegido a ti como hubiera elegido a otro. ¿Es que sólo los hombres vais a tener el derecho de elegir?

JAUN.—¡Qué admirable inconsciencia! ¿Cuándo vas a marcharte?

PAMPOSHA.—Pasado mañana.

JAUN.—¿Y quieres que mañana y pasado nos veamos?

PAMPOSHA.—Sí, querido Jaun, sí.

JAUN.—¿Aquí?

PAMPOSHA.—Aquí.

JAUN.—¿No me odias? ¿No me tienes rencor?

PAMPOSHA.—¿Por qué?

JAUN.—Por eso... del honor.

PAMPOSHA.—No, no. Ahora lo único que tengo, ¿sabes?, es mucho sueño.

IX

PROYECTOS

JAUN

La verdad es que estoy haciendo disparates, indignos de mi edad. Esa Pamposha se ha marchado tan serena, tan tranquila. ¡Qué confianza en el destino! Yo también me marcho. He tomado una decisión, y ya es algo. Por el consejo de Chiqui he decidido estudiar. Es una vergüenza que ignore tantas cosas.

He comprado varios pergaminos a un buhonero; uno es de Pronósticos y está en romance; el otro, en latín, se llama *Secretum secretorum naturæ,* y dicen que es de un fraile inglés, el doctor Mirabilis, que construyó una cabeza de acero que hablaba. No entiendo este *Secretum* más que muy poco, pero me ha dejado un deseo de saber extraño.

Nada, nada, hay que aprender; hay que asomarse un poco a la Ciencia. Esto me alejará de los disparates. Veremos qué cantidad de verdad hay en las ideas de los cultores. Me humilla que nos desprecien así.

Chiqui ha hablado a Macrosophos, y éste va a venir a Alzate. Macrosophos es un gran pedagogo y podre profundizar con él las ciencias más abstrusas, la magia, la alquimia, la astrología y la matemática. ¡Qué horizontes se abren ante mí! En Alzate tengo tiempo de sobra. Compraré sabios tratados en castellano y en latín, traeré esferas y astrolabios, me sumergiré en las profundidades de la Ciencia, y, como las abejas, libaré los conocimientos en todas las flores del saber humano, para hacer para mi uso exclusivo una miel dulce y sabrosa.

X

DESPEDIDA

EDERRA.—¿Te vas ya, padre?

JAUN.—Sí, hija mía.

EDERRA.—Dile a mi madre que venga antes de mi boda, que la quiero mucho, que la tengo que hablar.

JAUN.—Se lo diré así, querida.

EDERRA.—Quisiera pedirte también un favor, aunque no me atrevo.

JAUN.—Di.

EDERRA.—El padre Prudencio, el rector de la iglesia de Vera, encargó en Easo una cruz alzada, y yo quisiera que se la entregaras.

JAUN.—Es algo engorroso.

EDERRA.—No ; la cruz la llevas en la alforja y el palo aparte, por separado.

JAUN.—Bueno ; pues para que no digas que no soy complaciente, la llevaré.

EDERRA.—¡Adiós, padre querido!

JAUN.—¡Adiós, chiquita!

XI

EL CAPITÁN

Jaun, Arbeláiz, el maestro Macrosophos, Chiqui, Martín Ziquin, Shaguit y Basurdi marchan, unos a caballo, otros a pie, por el camino del Bidasoa. El día es de invierno, el cielo está gris, y llovizna. Al pasar por entre Behovia y Biriatu, varios hombres les rodean. Es una cuadrilla de ladrones.

EL CAPITÁN.—¡Alto ahí!
JAUN.—¿Qué pasa?
EL CAPITÁN.—¡Alto he dicho!
JAUN.—¿Por qué?
EL CAPITÁN.—¡Quedáis detenidos! ¡Venga el dinero!

(Jaun saca la espada y se lanza a dar mandobles al capitán, pero éste para los golpes riendo, hasta que desarma a Jaun y tira su espada al río. Entonces Jaun coge el palo de la cruz y empieza a golpear a derecha y a izquierda a los ladrones.)

JAUN.—¡Rayos! ¡Granujas!

(Jaun golpea tanto, que se le rompe el palo y no le queda más que un trozo pequeño entre los dedos. El capitán se emboza en una capa gris, mira irónico con unos ojos negros, grandes, suelta una carcajada estridente y desaparece al galope. La cuadrilla ha escapado, dejando algunos hombres en el suelo. Chiqui azota a los que huyen con un vergajo, llamándolos Urde ziquiñac *(sucios cerdos). Macrosophos y Basurdi se han escondido.)*

ARBELÁIZ.—¡Estás fuerte, Jaun! ; ¡hecho un chico!
JAUN.—No. ¡Ca! Me duele este brazo. Ya he perdido el hábito de las armas.
ARBELÁIZ.—De las armas, quizá ; pero lo que es del palo...
MACROSOPHOS.—Manejas, amigo Jaun, de una manera pulcra y prepotente el argumento *baculinum*.
JAUN.—¿Ha caído alguno?
BASURDI.—Tres o cuatro hay en el suelo.
JAUN.—¿No estarán muertos?

CHIQUI.—Atontados por los golpes, nada más. Eres incansable. ¡Qué manera de dar!

ARBELÁIZ.—Es una especialidad en el vapuleo.

JAUN.—*(A Basurdi.)* ¿Qué haces tú?

BASURDI.—Voy a quitarles lo que llevan a los que han caído.

JAUN.—Cobarde para pelear y valiente para robar.

BASURDI.—¡Así te mueras! Cuando no te fijes tú, los desvalijaré a todos. *(Mirando alrededor al poco rato.)* ¿Dónde están los ladrones caídos? ¡Qué canallas! Se hacían los muertos y todos se han escapado.

MACROSOPHOS.—Esto parece arte diabólica.

JAUN.—¿A nosotros nos han quitado algo?

CHIQUI.—La cruz es lo que falta; lo demás se ha recuperado.

JAUN.—¡Qué casualidad! ¡Qué fastidio! ¡Después de que me había hecho Ederra tantas recomendaciones para que llevara su dichosa cruz!

CHIQUI.—*(A Martín Ziquin.)* Se la hemos escamoteado. Urtzi Thor, nuestro maestro, puede estar contento.

INTERMEDIO

El coro

¡Urtzi Thor, Urtzi Thor! ¿Por qué has bajado del monte Larrun? ¿Por qué miras con melancolía desde Urruña el país vasco francés, tan bello y tan sonriente? ¿Qué dolores embargan tu ánimo? ¿Por qué tu aire de enfado y de tristeza?

Urtzi Thor

¡Adiós! ¡Adiós, Pirineos próximos al Océano! ¡Montes suaves y luminosos! ¡Valles verdes y templados! ¡Aldeas sonrientes y sonoras! ¡Adiós, viejos vascos altivos y joviales de perfil aguileño! ¡Adiós, mozas alegres y danzarinas! Me vuelvo a mis desiertos helados. ¡Adiós! ¡Adiós!

TERCERA PARTE

LOS MORADORES DEL BIDASOA

EL AUTOR

Yo no sé quién me ha metido a mí a escribir una fantasía convencional que apenas puede tener comprobación en la vida. Cierto es que no siento un gran entusiasmo por la literatura realista, pero lo siento aún menor por la retórica.

Tomar los tipos y los detalles de la realidad, para organizarlos y ordenarlos conforme al sentir individual, me gusta ; ahora, tomarlos de la literatura hecha, me parece una obligación desagradable. Sin embargo, para lo que yo me propongo, no hay otro remedio. En esta necesidad daré suelta a los viejos mitos que se relacionan con el lugar de mi historia, aunque reservándome el derecho de vestirlos a mi manera.

I

ENDARLAZA

Es de noche. Los viajeros, interrumpidos en su marcha por la pe-
lea con los salteadores, han llegado a Endarlaza al oscurecer y se
han abrigado en un refugio. El camino, a orillas del Bidasoa, está
convertido en un lodazal.

BASURDI.—La verdad, tengo mucho miedo en este sitio,
tan triste y tan oscuro. Debíamos haber vuelto a Easo;
hubiera sido lo mejor. Bichos, bandidos, monstruos..., ¡qué
sé yo lo que habrá por ahí! ¡Pensar que podría estar ten-
dido en la cama! A Jaun no se le ocurren más que nece-
dades.

MACROSOPHOS.—¡Qué paisaje más dramático y más triste! ¿Para qué nos habremos aventurado por estos lugares?
Siento el pavor que me inquieta.

JAUN.—(El camino está imponente, y mis compañeros,
menos Chiqui y su amigo, tienen miedo. Haré como que
no noto su perturbación.) Bueno, señores, vamos a pasar
aquí unas horas, y cuando amanezca continuaremos nuestra marcha.

Se tienden todos en el suelo del refugio y queda uno de guardia.
    El sitio es triste, áspero y salvaje; el río, casi recto, pasa por el
fondo del barranco; hay montes poblados de carrascas a la derecha
y a la izquierda. El agua, encajonada en el angosto desfiladero,
duerme negra e inmóvil en su lecho de roca.
    Hay a la izquierda del río, espejo sombrío y mágico, una ferrería
pequeña, cubierta de hiedras, con unas escaleras que bajan hasta la
superficie del agua.
    La luna brilla en el cielo y alumbra la mitad del paisaje, y hace
destacar los peñascos de esta garganta misteriosa, estrecha y alta,
de una paz siniestra y de una inmovilidad sombría.
    El agua murmura tristemente. Se oye el ruido del viento en los
árboles, que parece el rumor lejano de la marea.
    A veces se siente el chirrido de la lechuza y pasos de algún hom-
bre o animal que corre por entre los árboles.
    Hay algo de pérfido y de terrorífico en la cañada, abierta ante la
vista, en el cielo sin viento y sin nubes, en la luna, que mira pálida
desde el cielo negro, como si ella también estuviera alarmada e
inquieta.

II

EL BIDASOA

Soy un río pequeño, pero con gracia y con más fama que muchos ríos grandes. De mí han hablado Estrabón, Tolomeo y Plinio.

Tengo dos hermanos, el Nive y el Urumea, y una hermana pequeña, la Nivelle.

En mí hay un poco de la severidad de Navarra, algo de la blandura de Guipúzcoa y de la cortesía de Francia.

Medio navarro, medio guipuzcoano, medio francés, desde Chapitelaco-Arria hasta el cabo Higuer de San Telmo soy internacional. Las iglesias de Pamplona y de Bayona han pretendido dominar en mis orillas. La de Bayona afirma llegar *usque ad Sanctum Sebastianum,* y la de Pamplona, *usque ad flumen quod dicitur Vidaso.*

Yo he seguido corriendo, sin enterarme de las pretensiones de una sede y de otra.

Recojo las canciones de mis arroyos, que me alimentan con sus aguas, arroyos de nombres extraños y pintorescos, como el del Infierno, el de la Sima de las Lamias y el de la Cola del Cerdo.

Tengo fuentes milagrosas, como la de Santa Leocadia de Legasa y la de San Juan de Yanci; manantiales claros y grutas en donde el agua se filtra gota a gota.

Paso por valles anchos y soleados, y por cañadas estrechas, reflejo las faldas verdes de los montes, los palacios y las chozas de mis orillas, y los pueblos pequeños, con casas viejas, con un escudo que coge media fachada.

En invierno mujo como un toro y me lanzo en olas furiosas llenas de espuma; en el verano tengo remansos tranquilos y verdes, y entre las rocas avanzo reptando como una serpiente.

Al oscurecer, mi superficie se torna azulada, y duermen de noche en mi fondo millares de estrellas.

Tranquilo e idílico en Oyeregui y en Narvarte, tomo un aire trágico cuando mis ondas, amargadas por el agua del Océano, luchan cerca de la barra en la bahía de Chingudy, entre los acantilados del sombrío Jaizquibel y la punta de Santa Ana.

Por delante de mí han cruzado los pueblos de Europa que han bajado a España, y luego a África, y los pueblos de África que han subido a Europa. Recuerdo a hombres con hachas de piedra y con hachas de bronce; recuerdo también a iberos y celtas, a fenicios y griegos, a romanos y godos, a suevos, a francos y a moros.

He conocido a Pompeyo y a los capitanes de Augusto; a Enrique IV de Castilla y a Luis XI de Francia; a Carlos V y a Francisco I, a Condé y al duque de Alba; a Luis XIV y a Mazarino; al bello don Beltrán de la Cueva, que usufructuaba el lecho real de Enrique IV de Castilla, y al no menos bello almirante Bonnivet, rival en amores de Francisco I, que puso cerco a Gasteluzarra, el castillo próximo a Behovia. He visto conferenciar a Napoleón con sus generales, y a Wellington con los suyos; he contemplado las hazañas de Soult, Longa, de Jáuregui el Pastor, de Latour d'Auvergne y de Leguía; he seguido a Mina y a Zumalacárregui en sus correrías, y he visto a Fabvier, a Caron y a Armando Carrel izar su bandera republicana en Behovia contra los franceses de Angulema. He saludado también a viajeros ilustres, a Velázquez y a Goya, a madama D'Aulnoy y a Víctor Hugo.

Ciertamente, ahora ofrezco pocos encantos en mis orillas, y sobre todo en la española, que está llena de feos cuarteles carabineriles; pero tengo esperanzas de un porvenir mejor, porque un erudito, el Bachiller Juan de Itzea, me ha pronosticado que llegaré a formar una república independiente: sin moscas, sin frailes y sin carabineros. ¡Casas fuertes del Baztán, con el piso alto de tablas! ¡Convento musgoso de Arizcun! ¡Palacio de Reparacea! ¡Torre maciza de Ursúa! ¡Castillo negro de Lesaca! ¡Puente de San Miguel de Vera! ¡Os contemplo, desde hace siglos, de día y de noche! Veo también a Biriatu, que me espía desde su altura, y a la isla de los Faisanes, a la que voy carcomiendo poco a poco. Por último, me ensancho en la bahía de Chinguidy, en la que se miran las casas negras de Fuenterrabía, y las casas blancas del caserío de Hendaya, desde donde Iparraguirre cantaba las excelencias su país, y en donde vivió el corsario francés Pellot de Montvieux.

Mas me retiro; hoy tienen en este lugar de Endarlaza una reunión, que llamamos *batzarre*, los moradores de mis riberas, y me voy para cederles la palabra.

CORO DE ESPÍRITUS VASCOS

Puesto que nos congregas, aquí estamos, ¡oh, Bidasoa!, pero debes saber que llevamos una existencia muy precaria, que andamos escondidos, proscritos, huyendo de las campanas, de los rezos, del agua bendita y de los hisopos. Ya no tenemos sitio donde guarecernos, y el latín nos persigue con su *sæcula sæculorum* por todos los rincones del mundo.

III

LA NIEBLA

Soy la avanzada del *Gulf-Stream ;* vengo por encima del mar recorriendo leguas y leguas ; paso por el boquete del Bidasoa, entre el monte Larrun y la Peña de Aya, y me detengo en los hayedos de Velate. Juego en las barrancadas enrojecidas por el otoño ; me agarro a los ingentes picachos y sumerjo en mares de bruma los robledales donde nacieron las libertades vascas y el muérdago sagrado.

Doy poesía a la noche con mis cendales azules ; me tiendo amorosamente sobre las aguas del río, y, al llegar las caricias del sol, voy deshaciéndome en el aire.

IV

LAS HOJAS SECAS

¡Aufa! ¡De aquí para allá! ¡A jugar! ¡A correr! ¡A andar en rondas caprichosas por el aire! ¡Bastante tiempo hemos padecido esclavizadas, obligadas a estar quietas!

¡Aufa! ¡Aufa! Nos levantaremos hasta lo más alto, correremos por los caminos y por encima del césped, nos aplastaremos contra los troncos de los árboles e iremos volando por el cielo como los pájaros. Ya se acabó nuestra esclavitud.

¡Aufa! ¡Aufa! En el cielo gris del otoño, por encima de las copas de los árboles, iremos navegando como si tuviéramos alas...

V

EL GUSANO DE LUZ

Soy la estrella de las enramadas y del follaje; brillo entre las hojas y entre las hierbas como puede brillar Sirio en las noches claras de invierno. Soy la Luna del césped y de los boscajes, y, en la humedad de las noches de rocío, mi luz resplandece blanca y azulada como una lámpara misteriosa.

VI

EL SAPO

Ahora parece que nos utilizan las brujas en sus hechizos. Nos azotan con frecuencia, nos ponen unos capotillos molestos y nos hacen tragar una hostia consagrada para hacer supuestos venenos con nuestra sangre. Los hombres, esos animales sanguinarios, cuando nos cogen, nos atraviesan con una rama y nos dan una agonía lenta.

Somos tranquilos y dulces, nuestro placer es tocar la flauta en el crepúsculo; no nos sentimos diabólicos ni venenosos: quisiéramos que se nos tuviera afecto, y nos pesa la soledad cuando en el agujero en que moramos oímos el latido de nuestro pobre corazón.

MACROSOPHOS.—La opinión entre los sabios es que existe una antipatía invencible entre el sapo y la araña, y que suele haber combates que acaban a veces con la victoria de la araña.

JAUN.—No lo he visto nunca. Eso es una fantasía.

MACROSOPHOS.—No. *Magister dixit.*

JAUN.—Cuando lo vea lo creeré.

MACROSOPHOS.—Dudar así es no tener un espíritu escolástico.

VII

LAS LAMIAS

LA LAMIA.—¡Pst! ¡Pst!

JAUN.—Se ha oído como un siseo entre las ramas. Mira, Basurdi, si hay alguien por ahí.

BASURDI.—Ya voy.

LA LAMIA.—¡Pst! ¡Pst!

JAUN.—Han vuelto a llamar. Ya te he dicho que veas quién es.

BASURDI.—No voy.

JAUN.—¿Por qué?

BASURDI.—Porque tengo miedo.

JAUN.—Tienes miedo. ¡Cochino!, ¡cobarde! *(Por lo bajo.)* El caso es que yo también lo tengo. ¿Y por qué tienes miedo?

BASURDI.—He visto una mujer blanca y rubia sobre las espumas del río, con una rueca de plata. Debe de ser una lamia, una *mamurra*.

JAUN.—¡Mentiroso! ¡Holgazán! ¡Granuja! Te voy a romper la cabeza por cobarde y por falso.

LA LAMIA.—¡Pst! ¡Pst! ¡Jaun! ¡Jaun!

JAUN.—Llaman otra vez. ¡Voy!

SHAGUIT.—Sí, vamos los dos.

JAUN.—¿Quién es? ¿Quién me conoce aquí? ¿Quién me llama?

LA LAMIA.—Soy yo: una lamia. ¡Ven!

JAUN.—No me fío. Acércate tú a la orilla. La humedad del río me hace mucho daño.

LA LAMIA.—Me han dicho que te vas a hacer cristiano, Jaun. ¿Es verdad? ¿Nos vas a abandonar?

JAUN.—No.

CORO DE LAMIAS.—¡Ven, Jaun! Hoy es nuestro día, sábado, *nesqueguna,* día de las damas jóvenes que reparten la felicidad. Nosotras te llevaremos a palacios de diamantes y de perlas, y nos verás bailar en rondas con los gnomos y con los trasgos. Hilaremos para ti, en ruecas de oro, las telas más finas con los hilos más sutiles, y borda-

remos en su tejido estrellas de plata. Tenemos hilos que
son rayos de luna y rayos de sol; hacemos tocados per-
fectos, ropas de niño, galas de las desposadas, el pañolito
de la dama elegante y los sudarios de los viejos. Verás
nuestros husos, hechizados, cómo dan vueltas frenéticas en
el aire. ¡Ven, Jaun; ven tú también, Shaguit!

SHAGUIT.—Vamos, vamos con ellas.

JAUN.—No, no. He oído decir que una vez se casó un
ferrón con una de vosotras.

LA LAMIA.—Y fue feliz.

JAUN.—A mí me han dicho que enflaqueció, se puso
amarillo como un cirio y que murió cuando averiguó que
estaba casado con una bruja.

LA LAMIA.—Nosotras no somos brujas. ¿Cómo puedes
decir eso tú, que vives en la orilla de Lamiocingo-erreca?
No nos juntamos nunca con las brujas. Aquí, junto al lado
del río, tenemos nuestra piedra Lamiarri, y en Zugarramurdi una cueva especial, Lamien-lezca. En el país vasco
francés nos consideran cada vez más: Atherey, la gruta
de Isturitz y la fuente sagrada de Atharratz son nuestros
puntos de reunión. ¡Venid!

JAUN.—Todas tus frases no me convencen. ¡Adiós!

MACROSOPHOS.—¿Qué era?

JAUN.—Una lamia.

MACROSOPHOS.—Los maestros dicen que las lamias se
despojan de sus ojos y los toman cuando quieren. La lamia es emblema de la curiosidad y del amor propio. Plu-
tarco habla en su tratado *De curiositate* de una lamia ciega que, cuando quería salir de su espelunca, sacaba sus
ojos de una caja destinada a guardarlos.

JAUN.—Extraño capricho.

MACROSOPHOS.—Filóstrato, el antiguo, representa a las
lamias muy lascivas, y dice, en la *Vida de Apolonio de
Tiana*, que atraen a los hombres jóvenes que desean de-
vorar a sus escondrijos, y que les gustan los mozos guapos
cuando están relucientes y gruesos.

VIII

EL BASA-JAON

BASURDI.—¡Otro monstruo! ¡Qué noche! Toda está llena de fantasmas.

(Se ven, por entre el ramaje, unos ojos rojos y brillantes)

JAUN.—¿Quién eres tú, monstruo de los ojos encarnados?
BASA-JAON.—Soy el terrible Basa-jaon.
JAUN.—Pareces un poco tímido para ser tan terrible.
BASA-JAON.—Es que me encuentro en una situación precaria. A veces creo que soy un gigante, con la cabeza enorme, los brazos membrudos y el cuerpo como una montaña; a veces pienso que no soy nada más que fantasía, humo. No sé si tengo realidad objetiva, si existo en el mundo de los fenómenos, como diría un discípulo del profesor Kant, o si soy un engendrado de la fantasía de *musiú* Chaho. No me aceptan en ninguna reunión de espíritus vascos; se ríen de mí porque no puedo presentar documentos de identificación. ¡Y en estas circunstancias es tan desagradable no tener documentos!

(El Basa-jaon se aleja sollozando)

JAUN.—¡Pobre diablo!
MACROSOPHOS.—Yo creo que este Basa-jaon es un farsante impúdico. Es, a lo más, un silvano, un fauno o un egipán, que se ha perdido por estos contornos y ha aprendido la lengua vascónica

IX

LAS SIRENAS

Venimos del Valle de Bertizarana, en donde estamos representadas en los escudos de las casas, con medio cuerpo de mujer y medio de pez, con un espejo en una mano y un peine en la otra

A pesar de ser completamente marinas, nos hemos amol-
dado a la vida terrestre: hemos olvidado los palacios de
roca, de espuma y de esmeralda, donde cantábamos nuestras canciones antiguas y misteriosas, viejas como el mundo, y olvidado también la danza tumultuosa de las olas
verdes, las vagas islas de nubes, el tronar del rayo y el
silbido del viento.

Ya se acabaron nuestras carreras locas en la grupa de
los delfines y de los tritones.

Ahora cantamos con las ondinas, acompañadas por el
rumor de las fuentes, y en las márgenes de los arroyos
entre las cañas, los nenúfares y los juncos. Tenemos grutas
cubiertas por cortinas de clemátides, perfumadas por el
sándalo, y allí solemos tendernos perezosamente.

Algunos nos dicen pérfidas y engañadoras; no lo somos
más que vuestras mujeres. Así, un antiguo poeta castellano
ha escrito:

> Solamente con cantar
> diz que engaña la serena;
> mas yo no puedo pensar
> cuál manera de engañar
> a vos no vos venga buena.

MACROSOPHOS.—¿Qué son?

JAUN.—Son sirenas.

MACROSOPHOS.—¿Sirenas con alas?

JAUN.—No.

MACROSOPHOS.—Las verdaderas sirenas tienen alas. Cabeza, pecho y brazos de mujer; el resto, de pájaro.

JAUN.—Pues éstas son falsificadas o se les han olvidado
las alas.

x

LAS BRUJAS

Somos las brujas vascónicas perseguidas por los inquisi-
dores españoles, quemadas por los magistrados de Lancre
y d'Espaignet. Somos las brujas vascónicas ilustradas por
la retórica del historiador Michelet. Hacemos pócimas y
ungüentos, bebedizos para el amor y para el odio. Tenemos grandes astucias para engañar a los hombres; sabemos

meternos en las lanas de un colchón, convertirnos en ranas y en gatos, y volar por los aires sobre el palo de una escoba, diciendo: *¡Palo negro, palo blanco, llévame al Sábado!* Nos molestan las ramas de romero de Semana Santa, las tijeras abiertas en cruz y el agua bendita. ¿No queréis venir con nosotras, viajeros?

JAUN.—No ; llevamos mucha prisa.

XI

EL LAMENTO DEL AGOTE

Soy el agote, el despreciado agote. Vengo del lado de Arizcun, y allí por donde voy, por la orilla de este río, me odian. No sé qué me reprochan. Me acusan de ser descendiente de leprosos, pero no tengo el aliento más envenenado que los demás hombres. Me obligan a llevar un pedazo de paño rojo en forma de pata de ave cosido en la mísera ropa que me cubre. Los viejos vascos no cristianos me odian sin motivo, y los cristianos, también. ¿Por qué? No lo sé. No puedo enmendarme, porque, si he delinquido, no sé cómo ni cuándo. Mi delito es haber nacido en esta casa y no en la otra. Extraño delito.

MACROSOPHOS.—Ese miserable se queja.

JAUN.—Y tiene razón.

MACROSOPHOS.—No tiene razón. Desciende de heréticos. El castigo es merecido. Las faltas de los padres tienen que pagarlas los hijos, y las de una generación, la que la sigue.

JAUN.—¡Qué cosa más absurda!

MACROSOPHOS.—Absurda, no. ¿No pagamos nosotros la culpa de nuestro padre Adán?

JAUN.—¡Bastante haríamos con pagar nuestras culpas! Otra cosa sería injusta.

MACROSOPHOS.—La justicia humana no puede ser estrictamente justa, y hasta es conveniente que no lo sea.

JAUN.—¿Por qué?

MACROSOPHOS.—Por varias razones: *prima, secunda et tertia.*

JAUN.—Muy bien. ¡Vamos a ver!

MACROSOPHOS.—*Prima,* porque si la justicia humana fuera estrictamente justa, no habría necesidad de justicia di-
vina, lo cual sería un mal ; *secunda,* porque si la justicia
humana tuviera que descender a todos los particulares,
causas y concausas que determinan un acto, no podría
juzgar, lo que sería perjudicialísimo ; y *tertia,* porque esta
labor inquisitiva relajaría la moral de las sociedades, lo
que sería malo y peligroso.

JAUN.—Así que ¡viva la justicia, sobre todo cuando es
injusta!

XII

LA VOZ DEL GITANO

A orillas de este río tengo mi casa, hablo el mismo idioma que los vascos, llevo su misma ropa, pero, a pesar de
ello, desconfían de mí. Mis ojos exhalan un fulgor que me
denuncia, y dominan mi alma apetitos que no son los suyos. Me siento un sensual, amo el placer, amo también el
robo y odio la reglamentación estrecha. Tengo el entusiasmo por la vida nómada, entusiasmo que no pueden sentir
estas gentes, que llevan miles de años en el mismo país.
No sé cuál es mi patria, porque allí por donde voy soy un
extraño.

XIII

LOS FERRONES

¡Dale, Machín! ¡Resuene de día y de noche nuestra canción del martillo: tin tan, tin tan!

Somos los ferrones, los *ola guizonac.* Vivimos como salvajes, solitarios, en una ferrería derrumbada, cubierta de
musgo, en un antro negro, en donde al golpe de nuestro
martillo brillan constelaciones de chispas.

¡Dale, Machín! ¡Resuene de día y de noche nuestra canción del martillo: tin tan, tin tan!

La guerra y la paz, el arado y la espada, salen de nuestras forjas. Sacamos el mineral de los negros abismos para
hacer herramientas. Con nuestas herramientas, el hombre
va arañando la corteza del mundo y cambiándola a su

placer. Somos de la raza sabia de los enanos y de la raza fuerte de los gigantes.

¡Dale, Machín! ¡Resuene de día y de noche nuestra canción del martillo: tin tan, tin tan!

Todo se nos debe; el nombre de nuestra edad es la edad del hierro. El artífice es artífice por nosotros; el labrador lo es por nosotros, y por nosotros es militar el militar, y herrador el herrador, y cantero el cantero. Y, sin embargo, el mundo nos desdeña y canta la gloria de reyes carniceros que han sabido matar mucha gente y vestirse de armiño. ¡Oh mundo cruel y estúpido! No sabrás nunca apreciarnos. Tendrás más entusiasmo por tus necias vanidades que por aquellos que te lo proporcionan todo.

¡Dale, Machín! ¡Resuene de día y de noche nuestra canción del martillo: tin tan, tin tan!

XIV

EL CONTRABANDISTA

Soy Ramuncho, soy Ichúa, soy cualquiera de los personajes avezados a la vida aventurera que ha sacado a relucir la prosa, llena de encantos artificiosos, de esa vieja sirena francesa llamada Pierre Loti. Tengo mis rincones en Hendaya y en Fuenterrabía, en Behovia y en Biriatu, en Vera y en Urraña, en Ascain y en Sara. Mis enemigos son los carabineros y los aduaneros.

Loti, el antiguo comandante del *Javelo* —pequeño barco de guerra francés inválido del Bidasoa—, quiere hacer creer, como buen galo, que nuestro enemigo único es el cetrino carabinero español; pero lo es tanto, casi siempre lo es más, el tripudo aduanero francés, con sus bigotes amarillos y su nariz colorada.

XV

LA GAVIOTA

También yo conozco vuestro Bidasoa. Tengo mi nido en el acantilado de Jaizquibel, promontorio escarpado que las olas baten con furor. Visito las playas de Ondarraitz y la de Fuenterrabía, buscando comida en los arenales y en los fangos de la baja marea ; pero mi elemento es el mar abierto, allí donde no hay líneas y todo es gris e impreciso. Soy hija del caos ; en las tempestades, entre las nieblas, respiro las brisas salinas y densas, y lanzo, como un clamor de guerra, mi grito áspero y ronco. En el abismo del glauco Océano me balanceo sobre las olas, y sé evitar los hervideros de espuma. Entre los lamentos y quejidos de la galerna vuelo con una seguridad matemática y juego y me recreo sobre el torbellino... ; pero conozco vuestro Bidasoa, lo visito buscando alimento en los canales fangosos de la baja marea y en las playas de Irún y de Ondarraitz.

XVI

LOS MARINEROS DE FUENTERRABÍA

Somos los marineros de Fuenterrabía. Somos gente alegre, sin miedo y sin preocupaciones.

Hemos hecho la pesca, el comercio de altura y la piratería.

Buen vino, buen botín, chicas guapas en los puertos, y ¡adelante!

Nuestro pueblo tiene por padre el río y por madre la mar. Antes íbamos a la pesca de la ballena ; después fuimos a la del bacalao en Terranova ; ahora hacemos expediciones más modestas. Hemos luchado con el francés con valor y constancia ; hemos hecho largos y peligrosos viajes.

Conocemos las tempestades y los escollos, los vértigos, las angustias y el terrror ; el Kraken, el monstruo del Maelstrom y la isla de Satanás. Nada de esto nos arredra.

Buen vino, buen botín, chicas guapas en los puertos, y ¡adelante!

Hemos visto sirenas y serpientes marinas, arpías y pulpos, islas de fuego y volcanes misteriosos ; hemos desembarcado en los países más extraños: de enanos y de gigantes, de negros y de amarillos, de amazonas y de monóculos.

Hemos presenciado lluvias de sangre y nevadas de plumas ; hemos visto países sin día y países sin noche, y catedrales de cristal en medio del mar.

El peligro nos rodea a todas horas. Un golpe de viento, un agujero en la cáscara de nuez, y ¡abajo! Por eso mismo hay que estar alegres.

Buen vino, buen botín, chicas guapas en los puertos, y ¡adelante!

Somos los marineros de Fuenterrabía.

XVII

EL AVENTURERO

Soy el aventurero vasco, ni español ni francés; sirvo al que me paga, y le sirvo fielmente.

No me importan las ideas ni las patrias; no tengo más patria que mi caserío y, después, el ancho mundo.

¡Viva! ¡Viva la aventura! ¡Viva el azar!

Todas mis propiedades se compendian en una espada colgada al cinto y en una gran confianza en mi estrella.

Pienso hacer mi fortuna dando estocadas a derecha e izquierda, de mosquetero o de dragón, a favor de Dios o del Diablo.

¡Viva! ¡Viva la aventura! ¡Viva el azar!

Carlos V o Francisco I, Juan de Austria o el condestable de Borbón, el Papa o Lutero, Pizarro o Pedro de Ursúa: todos me parecen bien si me llevan al éxito; lo mismo me da ser marinero que soldado; lo mismo cristiano que turco. Lo único que no quiero es trabajar oscuramente.

¡Viva! ¡Viva la aventura! ¡Viva el azar!

Como soy aventurero me gustan los viajes. Sueño con que algún día encontraré un tesoro y me haré rico, en que seré inca o reyezuelo, y tendré mujeres y esclavos.

¡Viva! ¡Viva la aventura! ¡Viva el azar!

Si pierdo un brazo o una pierna en la guerra, pasaré mi vida fumando en un cuartel de inválidos; si me matan, iré a la fosa con un redoble de tambor, y el pensar en ello no me entristece.

Viva! ¡Viva la aventura! ¡Viva el azar!

XVIII

EL BUHONERO Y SU PERRO

¡Los pronósticos del tiempo! ¡El elogio de los cornudos! ¡Los engaños de las mujeres! ¡La disputa del Carnaval y de la Cuaresma! ¡Folías para entonar al son del rabel! ¡Canciones de todas clases! ¿Quién pide otra?

Paso por este camino solitario con mi perro, como paso por otros muchos. Vendo rosarios, escapularios, medallas, historias de santos escritas en latín, historias verdes y cantares cazurros y burlones en romance.

¡Los pronósticos del tiempo! ¡El elogio de los cornudos! ¡Los engaños de las mujeres! ¡La disputa del Carnaval y de la Cuaresma! ¡Folías para entonar al son del rabel! ¡Canciones de todas clases! ¿Quién pide otra?

Me detienen y me llevan a la cárcel por cualquier motivo los alcaldes, los regidores, los prebostes, los obispos, los abades... Ningún poderoso quiere mi mercancía ; todos sospechan de mí y me tienen por incrédulo y por impío. Yo sigo impertérrito desasnando al mundo, y mis papeles acabarán con la fuerza de mis poderosos adversarios. ¡Vamos, chucho, vamos adelante!

¡Los pronósticos del tiempo! ¡El elogio de los cornudos! ¡Los engaños de las mujeres! ¡La disputa del Carnaval y de la Cuaresma! ¡Folías para entonar al son del rabel! ¡Canciones de todas clases! ¿Quién pide otra?

XIX

PELOTARIS Y VERSOLARIS

También nosotros somos fruto de las orillas del Bidasoa. También nosotros somos aventureros y andamos de pueblo en pueblo y de taberna en taberna. Los unos jugamos a la pelota muy bien ; los otros hacemos versos en vascuence bastante mal ; pero unos y otros conseguimos nuestro deseo, que es el salir de casa con frecuencia y andar de fiesta en fiesta. Ése es el secreto, porque, como ha dicho uno de nuestros versolaris:

> Bordariyari chardiñ erdiya
> eure ollasco osua
> eperrac eta usuac
> edari generosuac
> ondo beteric basua.

(A los campesinos de las bordas, media sardina; nosotros, un pollo entero, perdices y palomas, vino generoso, y el vaso bien lleno.)

XX

EL PESCADOR DE CAÑA

¡Tranquilo! ¡Tranquilo! Soy enormemente tranquilo. Espero a la trucha y al salmón horas y horas sin impacientarme. Miro el corcho cómo flota en el agua, y tengo el cerebro acorchado y los nervios lo mismo.

El agua que pasa me cuenta mil historias vagas que se me olvidan al momento. Los remolinos del río me dicen sus múltiples y confusos secretos, que quedan flotando en mi alma contemplativa, dulce y rutinaria.

¡Tranquilo! ¡Tranquilo! Soy enormemente tranquilo.

XXI

EL MAR

Vosotros sois la parte; yo soy el todo. Vosotros sois la línea; yo soy la esfera. Vosotros sois la nota; yo soy la sinfonía. Vosotros sois un signo aislado en el Espacio; yo soy el alfa y la omega, el principio y el fin; vuestra vida de montes y de valles ha brotado de mis inquietos abismos y de mi hervidero de espumas; vuestra fuerza ha salido de mí; vuestra fuerza volverá a mí. Tarde o temprano desharé vuestros montes, vuestras murallas, vuestros acantilados; tarde o temprano, la materia orgánica y la materia viva retornarán al laboratorio de donde salieron, y tendré el ca-

pricho de hacer una nueva fauna terrestre y una nueva
Humanidad. Vosotros sois la parte ; yo soy el todo. Vosotros sois la línea ; yo soy la esfera. Vosotros sois la nota ;
yo soy la sinfonía. Vosotros sois un signo aislado en el Espacio ; yo soy el alfa y la omega, el principio y el fin.

XXII

EL AMANECER

Empieza a amanecer. La niebla va clareándose y haciéndose trans-
parente.

JAUN.—Bueno. ¡Vamos!
TODOS.—¡Vamos!

(*Los viajeros recorren una legua de camino, y aparece
el sol.*)

MACROSOPHOS.—Por fin hemos salido de ese rincón som-
brío. ¿Cuál es este valle ubérrimo que distinguimos?
JAUN.—Es el valle de Zalaín.
BASURDI.—Aquí podemos tomar un bocado.
CHIQUI.—Podemos beber el agua magnífica de la fuente
de Cherri buztango erreca, dicho en romance, el arroyo de
la Cola del Cerdo.
BASURDI.—¡Puah! ¡Qué cosa más triste el agua!
MACROSOPHOS.—¿Éste es el sitio de la gran Academia
de Cherri buztango erreca, donde se reúnen los Capelo-
mágnicos del Bidasoa?
ARBELÁIZ.—El mismo.
CHIQUI.—Sitio célebre en la historia.
MACROSOPHOS.—Celebérrimo. ¡Qué mentalidades! Chis-
tormius, en la física ; Schudurrus, en la metafísica ; Man-
dasahius, en la geografía ; Merluzius, en el estudio de las
comunicaciones ; Chacursulus, en la zoología ; Tipithus, en
la botánica. ¡Qué pléyade!

XXIII

EN ZALAÍN

JAUN.—¡Basurdi!

BASURDI.—¿Qué?

JAUN.—Llama en este caserío y pregunta si hay algo que comer.

BASURI.—Voy.

(Entra Basurdi en el caserío y sale poco después)

ARBELÁIZ.—¿No hay vino?

BASURDI.—No ; no había más que un poco de sidra.

JAUN.—¿Y dónde está?

BASURDI. Me la he bebido yo.

JAUN.—Eres un asno.

MACROSOPHOS.—No hay que hablar mal de los asnos. Ammonio tenía un asno tan erudito que dejaba el pienso para oir versos hexámetros.

BASURDI.—Tú, sin duda, eres de esos asnos eruditos ; yo soy de los otros.

CHIQUI.—No está mal, Basurdi. ¿Así que queréis un poco de vino?

ARBELÁIZ.—¡La sidra es tan mala para los viejos!

CHIQUI.—Yo traeré un poco de vino. Dadme la jarra.

(Chiqui finge hacer un agujero en un tronco de árbol y sacar de allí el vino ; pero llena la jarra con su bota. Beben todos.)

CHIQUI.—*(A Martín Ziquin.)* Este viejo pecador de Jaun está ya en su casa, y no volverá a Easo. No hay miedo de que se bautice. Seguirá fiel a Urtzi Thor. Creo que por ahora podemos dejarle.

MARTÍN ZIQUIN.—Lo mismo creo yo.

CHIQUI.—Pues nada, media vuelta, y ¡hala!

(Los dos diablos desaparecen, y Jaun, en compañía de Arbeláiz, de Macrosophos, de Shaguit y de Basurdi, llega a Alzate y recorren todos la calle del barrio al trote de sus caballos.)

INTERMEDIO

El coro

Urtzi Thor se ha acercado al mar. Está en el acantilado de Socoa contemplando las olas furiosas que rompen en nubes de espuma. El viento muge como un toro y las ráfagas mezcladas de lluvia mojan las barbas rojas del héroe del caldero. ¿Qué miras, Urtzi Thor? ¿Cuáles son tus proyectos? ¿Adónde te diriges?

Urtzi Thor

¡Adiós! ¡Adiós, Pirineos próximos al Océano! ¡Montes suaves y luminosos! ¡Valles verdes y templados! ¡Aldeas sonrientes y sonoras! ¡Adiós, viejos vascos altivos y joviales de perfil aguileño! ¡Adiós, mozas alegres y danzarinas! Me vuelvo a mis desiertos helados. ¡Adiós! ¡Adiós!

LOCURAS Y REALIDADES

EL AUTOR

Voy a entrar en la cuarta parte de mi leyenda, para lo cual he ideado un cierto aparato científico, filosófico y religioso... Parece que esto no os hace mucha gracia y teméis que mi obra derive francamente hacia la pesadez y el aburrimiento. ¿Qué queréis? Yo no sé hacer otra cosa. Id al cinematógrafo.

Sí, id al cinematógrafo. Allí podréis contemplar jovencitas tímidas y, al mismo tiempo, atrevidas; galanes irreprochables con gabanes también irreprochables; traidores con máscara y traidores sin máscara; indios galopantes como la tisis; padres crédulos y cándidos: todo arreglado a vuestro gusto por el folletín. Yo también tengo afición por el folletín, pero no por ése. Id al cinematógrafo.

Sí, id al cinematógrafo. Yo, como digo, voy a poner en la cuarta parte de mi LEYENDA un aparato científico y religioso deducido de mis estudios sobre la magia, el arte angélica o arte notoria, la alquimia, la astrología, la quiromancia, la geomancia, la necromancia, la hidromancia, la catoptromancia... Veo que fruncís el ceño. Está bien. Id al cinematógrafo. Es lo mejor que podéis hacer. Yo concluiré para dos amigos y para mí LA LEYENDA DE JAUN DE ALZATE.

I

LA NOSTALGIA DEL CHILINDRÓN

A la puerta de Erricoechea, casa de la calle de Alzate

ARBELÁIZ.—¿Qué hace Jaun?

BASURDI.—Nada. Siempre está metido en su biblioteca leyendo, leyendo y discutiendo en latín con el maestro Macrosophos, que a mí me parece en todo un gran tonto, menos en beber vino, en lo que es un verdadero maestro.

ARBELÁIZ.—¡Qué hombre es Jaun!

BASURDI.—Cuando no está en la biblioteca se va al cenador de la huerta, y allí está mirando el río horas y horas.

ARBELÁIZ.—¡Cómo ha cambiado!

BASURDI.—Ya no piensa en comer, ni en beber, ni en mirar a las chicas. Se va quedando mustio de pasarse la vida encima de los libros.

ARBELÁIZ.—Debe de tener muchos libros.

BASURDI.—Más que el cura, que tiene lo menos diez o doce. Y luego ha puesto unos mapas en las paredes con unas figuras y unas estrellas, que si yo estuviera mucho tiempo mirándolas me volvería loco.

ARBELÁIZ.—¿Y es verdad que se dedica también a la medicina?

BASURDI.—Sí; hace unas curas milagrosas. Le mira al enfermo en un ojo y le dice: Tienes un tendón roto en el pie. No comas grasa y te pondrás mejor. Y se pone.

ARBELÁIZ.—¡Qué hombre! ¡Qué sabiduría la suya! ¿Y ya no pensará ir a Easo?

BASURDI.—¡Ca!

ARBELÁIZ.—¡Qué lástima! ¿Te acuerdas de aquellas *shalchas* de la taberna de Larrechipius?

BASURDI.—¡Si me acuerdo! ¡Qué *cocochas* de merluza!

ARBELÁIZ.—¡Y qué atún con cebolla!

BASURDI.—¿Y aquel cordero lechal que suelen traer de Pompeyópolis?

ARBELÁIZ.—Puesto en chilindrón, me parece algo sublime.

BASURDI.—¡Y qué sardinas!

ARBELÁIZ.—Se me hace la boca agua pensando en ellas.

BASURDI.—¡Y qué berdeles!

ARBELÁIZ.—¡Y qué chicharros!

BASURDI.—*(Cantando.)*

> Chicharrua ta berdela,
> chicharrua ta berdela.

ARBELÁIZ.—¿Y qué me dices de aquel licor amarillento de la taberna vinaria de Polus?

BASURDI.—Una delicia. Sabihondus le llamaba el néctar, que yo no sé lo que quiere decir, pero que debe de ser algo muy bueno.

ARBELÁIZ.—Me siento melancólico, Basurdi.

BASURDI.—Yo también.

ARBELÁIZ.—Es que nos falta el combustible apropiado.

BASURDI.—¡El combustible!

ARBELÁIZ.—Sí, el sólido y el líquido.

BASURDI.—¡La verdad es que se vive bien en Easo!

ARBELÁIZ.—Si se vive bien, ¡ya lo creo!

BASURDI.—Dan ganas de hacerse cristiano y de quedarse allí para siempre.

ARBELÁIZ.—¿Qué opinión tienes tú de la Trinidad, de esa cosa misteriosa, que es una y tres, y tres y una? ¿Tú entiendes de eso?

BASURDI.—¡Yo! Ni pizca; pero el chilindrón lo entiendo muy bien. Ya no iremos a Easo con el amo. Esto se acabó. Estamos condenados a borona, y a sidra, y a alguna oveja vieja, de tarde en tarde.

UN MENDIGO.—¡Compradme los gozos del príncipe gloriosísimo San Miguel Arcángel, primer ministro de Dios, que rompió las cadenas del caballero penitente don Teodosio de Goñi, en el monte Aralar!

> ¡Pues en la corte del cielo
> gozáis tan altos blasones,
> dad a nuestros corazones,
> Arcángel Miguel, consuelo!
> De la escuadra celestial
> sois el primer coronel
> que al atrevido Luzbel
> **venciste en guerra campal,**

echando al fuego infernal
su rabia y furioso anhelo.
¡Pues en la corte del cielo
gozáis tan altos blasones,
dad a nuestros corazones,
Arcángel Miguel, consuelo!

ARBELÁIZ.—Nosotros no somos cristianos ni entendemos con claridad tu lenguaje; así que no esperes vender aquí ni uno siquiera de tus papeles.

EL MENDIGO.—Está bien, está bien, dadme entonces una limosna.

ARBELÁIZ.—Bueno; toma y márchate.

II

LAS VIEJAS DE ALZATE

LA ABUELA DE OLAZÁBAL.—Dicen que Jaun, nuestro patrón, ya no sale de casa.

LA ABUELA DE ZARRATEA.—Añaden que se pasa la vida leyendo, y que sabe tanto, que hace unas curas maravillosas.

LA ABUELA DE OLAZÁBAL.—Eso aseguran, aunque yo lo dudo, porque dicen que todo lo aprende leyendo. Yo no creo que en los libros se pueda aprender gran cosa.

LA ABUELA DE ZARRATEA.—Yo tampoco.

LA ABUELA DE OLAZÁBAL.—Yo no sé leer, pero eso es lo que creo.

LA ABUELA DE ZARRATEA.—A mí me parece lo mismo.

LA ABUELA DE OLAZÁBAL.—Aseguran algunos que Jaun se quiere hacer cristiano.

LA ABUELA DE ZARRATEA.—¡Qué atrocidad!

LA ABUELA DE OLAZÁBAL.—Yo ya he dicho que ese Jaun no vale nada. ¡Hacerse cristiano!

LA ABUELA DE ZARRATEA.—En nuestro tiempo no éramos así, ¿verdad?

LA ABUELA DE OLAZÁBAL.—Ya lo creo que no. ¿Tú te harías cristiana?

LA ABUELA DE ZARRATEA.—Yo, nunca. Antes morir.

La abuela de Olazábal.—Ese Macrosophos es el que le está metiendo tonterías en la cabeza a Jaun, y Prudencio, el rector de Vera, viene a catequizarle.

La abuela de Zarratea.—Y luego Arbeláiz no trabaja por nuestra religión. El fuego sagrado en el círculo de piedras del bosque, en Gentil-arri, está abandonado; el caballo que se consagra al Sol se muere de hambre y se le pueden contar los huesos. El otro día mismo estaba comiéndose una alpargata.

La abuela de Olazábal.—¿Una alpargata?

La abuela de Zarratea.—Sí.

La abuela de Olazábal.—¡Qué horror! Yo cuando le vi se comía un sombrero de paja, que al fin y al cabo es una comida más sana.

La abuela de Zarratea.—Es un escándalo. Ese Arbeláiz es un falso.

La abuela de Olazábal.—Le viene de familia. Su padre era tan falso como él.

Arbeláiz.—No sé por qué hablan estas viejas de lo que no les importa. ¡Asquerosas! Si pudiera, cogería un fajo de ramas de resina y les pegaría fuego a estas brujas.

La abuela de Zarratea.—Yo traigo aquí en el delantal cuatro huevos y voy a venderlos a una tienda.

La abuela de Olazábal.—Yo he cogido un poco de maíz del caserío.

La abuela de Zarratea.—Cambiaremos los huevos y el maíz por un poco de *thantha*.

La abuela de Olazábal.—Es lo que se me había también ocurrido a mí, ¡porque con estas humedades!...

La abuela de Zarratea.—¡Y luego con las penas y los desengaños que una ha tenido!

III

ARBELÁIZ

La biblioteca de Jaun de Alzate es una sala de la torre que tiene una chimenea en un rincón. Cerca de ésta hay un hornillo con retortas. En la pared, blanqueada, un armario lleno de pergaminos.

Del techo cuelga un caimán disecado, y en un estante hay calaveras de diversos animales.

En las paredes se ven signos y amuletos: la cruz svástica, emblema del fuego y del dios Thor; varios abraxas y el sello de Salomón, el Trutenfuss de los mágicos alemanes, que se compone de dos triángulos equiláteros entrelazados.

Es de noche, y Jaun está sentado, delante de una mesa, con un libro en la mano, a la luz de una lámpara.

BASURDI.—¡Jaun!

JAUN.—¿Qué hay?

BASURDI.—Aquí está Arbeláiz, que quiere verte.

JAUN.—¡Que pase!

ARBELÁIZ.—¡Amigo Jaun! Ya no se te ve. ¿Qué haces?

JAUN.—Estoy buscando la verdad.

ARBELÁIZ.—¿Y la encuentras?

JAUN.—A veces tengo esperanzas de encontrarla; me parece que veo una luz a lo lejos, y marcho por aquí y por allá en su busca; luego la luz se pierde, y no hay más que oscuridad.

ARBELÁIZ.—¿Y después de haber leído tanto no has encontrado nada?

JAUN.—Nada. Todo esto no es más que un fárrago de palabras. ¡Quimeras! ¡Vanas quimeras!

ARBELÁIZ.—Macrosophos ¿no sabe?

JAUN.—Sí, sabe las quimeras que saben todos. Es su oficio. El que sean verdad o mentira, a él no le interesa.

ARBELÁIZ.—¿Cómo? ¿No le interesa que una cosa sea verdad o mentira?

JAUN.—No.

ARBELÁIZ.—¿De qué casta es entonces ese hombre? ¿Qué clase de pájaro es?

JAUN.—Es de esa clase de pájaros que llaman escolásticos... Y en Alzate, ¿qué pasa?

ARBELÁIZ.—De eso venía a hablarte. El catolicismo va entrando en el pueblo como una inundación. Ayer, día de fiesta cristiana, se encontraba la iglesia que están construyendo en Vera completamente llena. Dicen que los santos hacen más milagros que nuestros dioses; que los curas dan a comer un pan blanco... Como esta gente es así, ya los católicos nos llaman a nosotros idólatras y gentiles, y quieren prendernos y quemarnos.

JAUN.—Y tú, ¿qué vas a hacer?

ARBELÁIZ.—Yo no sé. Dependerá de ti, de lo que tú hagas; si tú te sometes, me someteré.

JAUN.—Yo no me someteré, a no ser que esté convencido.

ARBELÁIZ.—Mientras tú estés firme, yo permaneceré a tu lado.

(Llaman)

JAUN.—Será Prudencio, el rector de Vera, que viene a catequizarme. Puedes quedarte, si quieres, a oir nuestra conversación.

ARBELÁIZ.—Bueno, me quedaré.

IV

TORMENTA DE PALABRAS

PRUDENCIO.—¡Santas y buenas noches!

JAUN.—Buenas noches, rector. Siéntate.

PRUDENCIO.—¡Ah! ¿Está aquí mi rival en religión?

ARBELÁIZ.—No, no soy tu rival. Tú cobras y tienes dinero; yo soy un aficionado. Tú eres poderoso; yo, no.

PRUDENCIO.—¿Lo reconoces?

ARBELÁIZ.—¿Por qué no?

PRUDENCIO.—Y viendo el poder que viene adonde mí, que soy un miserable pecador, ¿no comprendéis, desdichados, que el catolicismo os ha de arrastrar como el viento a una ligera pluma?

JAUN.—Que nos arrastre o no, nada tiene que ver. La fuerza no es la razón.

PRUDENCIO.—En el catolicismo, la fuerza es la razón.

JAUN.—Bien. Convencednos.

PRUDENCIO.—¿Has leído la Exposición de Santo Tomás?

JAUN.—Sí.

PRUDENCIO.—¿Y qué?

JAUN.—No la he comprendido bien. A lo que no se puede entender, el autor llama misterio, y lo que uno no puede creer razonablemente, lo tiene que creer como misterio. ¡Un misterio, bien; pero tantos!

PRUDENCIO.—Soberbia. ¡Soberbia satánica!

JAUN.—¿Por qué? Yo no tengo interés en no creer. Me parece más cómodo seguir la corriente general, la más fuerte; pero no creo. ¡Qué le voy a hacer! Que me den ideas más claras, o que me den un cerebro más oscuro,

PRUDENCIO.—También te dejé *De Unitate intellectus,* contra averroístas, del mismo Tomás.

JAUN.—Cierto.

PRUDENCIO.—¿Y lo leíste?

JAUN.—Sí; me quedó la impresión de que, en cosas tan oscuras, lo mismo se puede defender el pro que el contra.

PRUDENCIO.—¿Has leído también la Biblia?

JAUN.—Sí. ¡No puedo comprender que ese pueblo judío, tan despreciable, tan vil, sea el pueblo elegido por Dios! Es una gente rencorosa, de una falta de lealtad completa, a quien todos los pueblos del mundo han despreciado. Respecto a esa fábula del hombre creado por Dios a su imagen y semejanza en seis días, la encuentro de lo más pueril que cabe. ¿Es que el Dios que hizo a Adán tenía estómago e intestinos, nariz y orejas? ¿Tenía que descansar como un peón de albañil? Todo esto me parece perfectamente absurdo. Y más absurdo aún el castigo de Adán, a quien Dios pone una trampa a los pies, y cuando cae, no sólo le castiga a él, sino a toda su descendencia. ¡Qué duro es vuestro Dios! ¡Cómo se ve que reina en un pueblo canalla y cruel! ¡Qué implacable! ¡A los chicos que se burlan de Eliseo porque es calvo les manda nada menos que dos osos para devorarlos. Esto se me antoja, la verdad, enormemente ridículo.

PRUDENCIO.—Es extraña vuestra arrogancia. Es extraña vuestra audacia. Vosotros, miserables y oscuros campesinos, que tenéis un culto repugnante como el del macho cabrío, las más asquerosas supersticiones, vais a despreciar al pueblo de Moisés, que comprendió al Eterno, al Omnipotente... ¡Dejadme que me ría!

JAUN.—Ríe lo que quieras. Los judíos y los primeros cristianos. sus sucesores, pusieron el cordero bajo la advocación de la divinidad, porque esos pueblos eran pastores; nosotros hemos puesto el macho cabrío por la misma razón y porque para nosotros es un símbolo solar. Si el macho cabrío es un ídolo, el cordero lo es con el mismo motivo.

PRUDENCIO.—¡Qué lástima me da el oírte!

ARBELÁIZ.—Los vascos adoramos al Sol, a la Luna, al rayo, al trueno, al fuego, a los árboles, a las fuerzas de la Naturaleza, a las fuentes...

PRUDENCIO.—¡Calla, calla, insensato anciano! ¿Creéis que no tengo noticias de vuestros conciliábulos demoniacos? ¿Creéis que no estoy enterado de vuestros aquelarres, de vuestros bailes en los montes la noche del plenilunio? ¿Creéis que no estoy enterado de que bebéis sangre de caballo y de que enterráis a los hombres en los bosques, como si fueran animales?

JAUN.—No sé si habrá diferencia entre la manera de pudrirse que tiene el cuerpo de un hombre en medio de un bosque o en vuestros camposantos.

PRUDENCIO.—Sé que tenéis un ídolo, un simulacro de Júpiter o del dios Marte con la cabeza rodeada de rayos, que vosotros llamáis Urtzi Thor, y también Jaun gorri: el señor rojo.

JAUN.—Es cierto. Es el símbolo del Sol. Sus doce rayos son los doce meses.

PRUDENCIO.—Es el mismo ídolo que San León vio en la iglesia de Bayona, cuando los piratas normandos le llevaron a un templo. Tenía el ídolo a los pies un carnero y un macho cabrío, y el santo sopló, y el ídolo y los dos inmundos animales fueron lanzados al aire y reducidos a polvo.

ARBELÁIZ.—Eso contaría él. Entre nosotros no hay memoria de tal cosa.

PRUDENCIO.—¡Calla!, ¡calla! Parece mentira que la edad no te haya dado más discreción.

ARBELÁIZ.—También algunos de los nuestros aceptan un Dios ignorado.

PRUDENCIO.—El *Deus ignotus* de que habla Estrabón, que algunos dicen que es la Luna; pero el mayor número de vosotros vivís en la idolatría; tenéis el culto del caballo y del macho cabrío, de las fuentes y de los árboles.

JAUN.—¿Por qué asombrarse de que nosotros, hombres incultos, tengamos admiración por las fuerzas de la Naturaleza y las demos atributos humanos?

PRUDENCIO.—¡Si no me asombro de vuestra ignorancia! Me asombro de vuestra terquedad y de vuestra temeridad; me asombro de que rechacéis el bautismo, de que rechacéis la gracia.

JAUN.—¿Te asombras de que no queramos someternos?

PRUDENCIO.—Sí; me asombro de que no queráis someteros a un orden superior.

JAUN.—¿A qué orden?

PRUDENCIO.—Al de Dios,

JAUN.—¡Sois de una intransigencia tan bárbara los cristianos!

PRUDENCIO.—¡No vamos a ser intransigentes, si tenemos la verdad! Toda la verdad está en la Iglesia. La verdad que no está en la Iglesia no es verdad.

JAUN.—¿Ni la de la Ciencia tampoco?

PRUDENCIO.—Tampoco.

JAUN.—¿No aceptáis colaboración ni en el conocimiento ni en la creencia?

PRUDENCIO.—Todo está dicho: no hay más que obedecer.

JAUN.—Yo creo que hay una intención religiosa en un Dios como en un ídolo. Si la intención religiosa es buena, ¿por qué no aceptarla?

PRUDENCIO.—¿Aceptar el ídolo? ¿Aceptar al demonio? No. Como ha dicho Santo Tomás, todas las supersticiones están fundadas sobre un pacto tácito o expreso con los demonios: *omnes superstitiones procedunt ex aliquo cum dœmonibus inito, tacito vel expreso.*

JAUN.—Así que de nuestras costumbres, de nuestras ideas antiguas, ¿no ha de quedar nada?

PRUDENCIO.—Nada. Como ha dicho San Eloy, obispo de Noyon, en su plática *ad omnem plebem,* hay que apartarse de todas las costumbres paganas, no hay que pensar en el Sol ni en la Luna, ni observar los solsticios, ni bailar ni cantar el día de San Juan, porque todas estas prácticas son obras del demonio.

JAUN.—No aceptáis nada de nosotros...: únicamente la cruz...

PRUDENCIO.—¡La cruz! ¿Qué quieres decir con eso?

JAUN.—La cruz es vasca antes de ser cristiana.

PRUDENCIO.—¡Qué absurdo!

JAUN.—No es absurdo. Todavía encontrarás en nuestro país, en muchas partes, la cruz svástica, que algunos suponen que simboliza los dos caminos del mundo; otros, los puntos cardinales, y que entre nosotros es emblema de Thor, del fuego, de la llama, del Sol.

PRUDENCIO.—Es un signo éste, que habéis tomado a los cristianos.

JAUN.—No. Es un signo que nos habéis tomado a nosotros. Cuando los primeros cristianos del imperio romano

pusieron en su estandarte la cruz, la llamaron *Labarum.*
Labarum, Laburu, lau buru, quiere decir en vascuence
cuatro cabezas, cuatro puntas. *Labarum* es la cruz vasca,
la svástica, el *tetragrammaton,* el símbolo de Urtzi Thor,
que llevaron los vascos a Lombardía, y que aceptó Cons-
tantino.

PRUDENCIO.—*Labarum* vendrá del latín *labare,* vacilar,
por el estandarte que vacila con el viento.

JAUN.—Es más lógica mi explicación. Todos los estan-
dartes vacilan con el viento, pero no todos los signos tienen cuatro puntas o cuatro cabezas como la cruz svástica
del *Labarum.* Además de la cruz svástica, en muchas partes encontrarás grabada en las cuevas la cruz patibularia,
que no es más que la representación sencilla y hierática
del hombre con los brazos abiertos y el disco radiado, que
es el símbolo del sol.

PRUDENCIO.—Veo que quieres ser filósofo, ¡filósofo en
Alzate!..., ¡ja...! ¡ja...!

JAUN.—¿Por qué no?

PRUDENCIO.—El filósofo, como ha afirmado Tertuliano,
es un animal glorioso y soberbio, interpolador del error.
Todas sus especulaciones son necias *cogitationes omnium
philosophorum stultas esse,* y este padre de la Iglesia ha
llegado a decir: No tenemos ya necesidad de curiosidad
después de Jesucristo, ni de investigación después del Evan-
gelio: *Nobis curiositate opus non est post Christum, nec
inquisitione post Evangelium.*

JAUN.—Lo mismo dirán los negros pensando en su religión.

PRUDENCIO.—¡No provoques la cólera celeste!

JAUN.—La puedes desencadenar, la puedes lanzar contra mí. No creo que tengas relación mayor con el rayo y
con la centella que mi amigo Arbeláiz.

PRUDENCIO.—¡Te perdono, desgraciado!

JAUN.—El perdón tuyo y la cólera celeste son para mí
iguales. Antes yo creía que había buenos y malos espíritus
y que el hombre podía estar en relación con ellos. Hoy
no lo creo: creo que no hay más que la Naturaleza.

PRUDENCIO.—¿Que no hay ángeles? ¿Que no hay demonios? ¡Niegas la evidencia, infeliz!

JAUN.—Una evidencia que no se hace evidente por ninguna parte. Para mí no hay dualismo en el mundo. Verdad

o mentira, ilusión o realidad infinitamente variable o completamente uno, todo es lo mismo.

PRUDENCIO.—Por tu boca habla en este momento el diablo. Más humildad. Piensa que Tertuliano, con toda su gran inteligencia, ha dicho: *Prorsus credibile est, quia ineptum est..., certum est quia imposibile est...*

JAUN.—Yo lo que no entiendo, no entiendo. Para mí nadie sabe, ni sabrá, por qué venimos al mundo, ni para qué, si es que tenemos algún objeto al llegar aquí, que yo lo dudo.

PRUDENCIO.—Sigue hablando el diablo por tu boca. ¡Vade retro, Satanás! Me voy. Sólo os tengo que decir que os vigilo. Que no consentiré que por vosotros esta aldea se condene. ¿Queréis la guerra? Tendréis la guerra e iréis al infierno, a padecer suplicios sin fin, en un sinfín de eternidades.

(Prudencio se va)

ARBELÁIZ.—¡Qué tipo! ¡Cómo habla!

JAUN.—¡Y a un hombre así le llaman Prudencio! Hace unos años le hubiera tirado por la ventana.

ARBELÁIZ.—Tendremos que ceder.

JAUN.—Yo, no. Por convencimiento, bien ; por sumisión, no. Me quieren dar una ficción por otra ficción. Ficción por ficción, prefiero la mía.

ARBELÁIZ.—¡Este hombre tiene tanto ímpetu!

JAUN.—Sí ; es un histrión. Todos estos latinos y los que se educan con ellos son histriones de nacimiento.

ARBELÁIZ.—Sí, ¡pero habla tan bien!

JAUN.—Tú, haz lo que quieras. Yo no cederé.

SHAGUIT.—*(Afuera, cantando.)*

> Ay au fraile picarua
> galdu biardu mundua,
> precisamente naidu bela
> nescatillen zancua.

(Ay, qué pícaro fraile va a perder el mundo!, dice que quiere, precisamente, las piernas de una muchacha.)

JAUN.—Dile a Shaguit que suba. ¡Quizá sea mejor hablar con los locos que con los cuerdos!

V

SORGUIÑ-ECHE

Jaun de Alzate ha dejado a las brujas de los contornos las ruinas de su molino de Errotazar, para que se reúnan allí. Errotazar está a orillas del Bidasoa, cerca de una regata.

El molino se llama ahora Sorguiñ-eche: casa de brujas.

Las ruinas de Errotazar tienen unas paredes grandes, negras, cubiertas de hiedras; una torre de madera y unos arcos encima del río.

De noche, los alrededores de Errotazar se transforman. Constituyen entonces, al decir de las gentes, un país de magia y de misterios, preñado de monstruos; un país alumbrado por una luna amarillenta y enferma. Todo allí es irregular y teratológico.

En el campo, de árboles y hierbas extravagantes, aparecen a cada paso duendes burlones y trasgos e insectos con cara de persona.

Hay cerca de las ruinas de Errotazar una ermita abandonada y un camino lleno de cruces de piedra, donde descansan grupos apiñados de cuervos pensativos, de mochuelos y de lechuzas, y una cruz de madera podrida, con su Cristo, con los brazos retorcidos y la expresión de terrible dolor.

En Errotazar, hacia el lado de tierra, hay, colgando, tres ahorcados, y debajo de ellos crecen espléndidamente unas mandrágoras con las deyecciones de los cadáveres. Abundan también allí los hongos rojos y venenosos, la *amanita phalloides* de aspecto sucio, la *amanita muscaria*, el beleño y la belladona.

En la entrada del molino, un murciélago, clavado por el ala, lanza horribles alaridos.

Se dice que en Errotazar se celebra el Sábado con grandes danzas; que las mujeres bailan desnudas, llevando cinturones de piel de gato atados a la cintura.

Esos días, en las casas, si oyen cantar el gallo a prima noche, echan un puñado de sal al fuego, porque el canto temprano del gallo indica claramente que pasan las brujas.

VI

LA MADRE BRUJA

La noche está sombría; jirones desgarrados de nubes negras nave-
gan por el cielo; y la Luna, como espantada, corre en contra de ellas
con la cara pálida de terror. Los perros ladran furiosos. Jaun de
Alzate, con Macrosophos, Basurdi, Chiqui y Timoteus, el sacristán
de la iglesia de Vera, van a Sorguiñ-eche, a presenciar el Sábado.

CHIQUI.—Ya Urtzi Thor se nos fue, amigo Jaun.

JAUN.—¿Y adónde va?

CHIQUI.—Al panteón de los dioses muertos, adonde irán
los dioses cristianos con el tiempo.

JAUN.—¿Y no deja nada Urtzi Thor?

CHIQUI.—Es posible que la degeneración de Urtzi Thor
sea la fábula del rey Arthur, y que la famosa Tabla Redonda no sea más que un símbolo del firmamento. El
padre de Arthur es el dios Uter, Cabeza de dragón, dios
de batallas, que vive en el cielo y tiene como escudo el
arco iris; es un dios sideral como Urtzi. Por otra parte,
Arthur es un guerrero, como Thor, y, muerto, sube al cielo
y brilla en la Osa Mayor. Uter y Urtzi; Arthur, Aitor y
Thor; Urtzi y Artza (el oso) y la Osa Mayor, todo esto
es, sin duda, de la misma familia.

JAUN.—De lo cual se deduce que estamos ya dominados
por el cristianismo.

CHIQUI.—¿Te molesta?

JAUN.—Sí.

CHIQUI.—Yo comprendo que a los vascos no les agrade
el cristianismo, que no es más que la avalancha judía con
un barniz latino.

JAUN.—¡Que no les agrada! Todo el mundo se hace cristiano.

CHIQUI.—¡Qué quieres! El hombre no tiene la mirada
bastante fuerte para contemplar la Naturaleza cara a cara.
Ya estamos en Sorguiñ-eche. Presenciaremos el Sábado.

MACROSOPHOS.—Las fiestas sabasias son especie de lu-
percales en que se celebra el macho cabrío de Príapo-Baco-
Sabasius.

JAUN.—Es posible que aquí no se hayan ocupado para
nada de Baco ni de Príapo.

MACROSOPHOS.—¿Cómo que no? Todo esto no es más que una reminiscencia de la brujería romana y griega.

JAUN.—¿Por qué? Cuando me convenzan de que el que come un higo en la China ha imitado al que lo come en Atenas, creeré en esa unidad de los conocimientos, de las ideas y de las supersticiones.

MACROSOPHOS.—Las ideas vienen del mismo tronco. Hay unidad en todo: en lo bueno como en lo malo.

JAUN.—Y variedad también en todo.

MACROSOPHOS.—¿No viene el hombre de una pareja única?

JAUN.—Quizá ; yo creo que no.

(Chiqui da con el puño en la puerta desvencijada de Errotazar, y su golpe suena como un martillo.)

UNA VOZ CASCADA.—¿Quién es?

CHIQUI.—¡Abrid con diez mil pares de demonios, que si no tiro a patadas la puerta!

(Se franquea la entrada y pasan los compañeros de Jaun adentro. Hay en las ruinas varios pasillos, y en medio, en una gran sala, un maniquí de mimbre con la figura de un macho cabrío que tiene entre los dos cuernos una antorcha encendida. Alrededor de la sala, junto a las paredes, descansan algunos hombres y mujeres venidos de todas partes, y las viejas, con una tabla sobre las rodillas, juegan al truque y al mús. En los pasillos hay gallinas locas, gatos negros y sarnosos, perros flacos y sapos vestidos de terciopelo y con cascabeles en el cuello. En los vasares de las paredes se ven cuerdas de ahorcado, fetos en alcohol, lagartos y calaveras de caballo, de perro, de mono y de puerco.)

JAUN.—Todo esto es bien desagradable.

CHIQUI.—Vamos a ver a la madre bruja.

(Recorren los pasillos y entran en un cuartucho pequeño.)

LA MADRE BRUJA.—¿Cómo os atrevéis a entrar aquí?

CHIQUI.—Soy yo: Chiqui.

LA MADRE BRUJA.—¡Ah! ¿Eres tú, Chiqui? Ingrato. Con
lo que yo te quiero, y no vienes nunca a verme.

CHIQUI.—Bueno, abuela; ¡basta de sentimentalismo!

*(La madre bruja es muy vieja y muy arrugada, calva y
de nariz ganchuda. Tiene los ojos turbios y la boca sin
dientes, la piel arrugada, terrosa, y unos pelos grises en la
barba. La madre bruja cuida de un caldero que hierve:
dos buitres, inmóviles como dos quimeras de piedra, le
vigilan; un gato negro le mira con sus ojos amarillos, y
las ratas corren por el cuarto.)*

CHIQUI.—¿Quién es esta rata de ojos rojos, abuela?

LA MADRE BRUJA.—En esta rata vive ahora el alma de
Lanzarote del Lago.

JAUN.—¡Qué fantasía!

CHIQUI.—¿Y ese otro ratón que echa fuego por la cola?

LA MADRE BRUJA.—Es mi confidente. Es el que me cuenta
todos los secretos del pueblo y de sus contornos.

CHIQUI.—¿Qué programa tienes para esta noche?

LA MADRE BRUJA.—El de todos los sábados, hijo mío.

CHIQUI.—Eso me parece una cosa muy ramplona.

LA MADRE BRUJA.—¿Queréis que os presente algunos diablillos?

CHIQUI.—¡Una revista de diablos! *(A Jaun.)* ¿Qué te
parece?

JAUN.—Bueno.

VII

EL CONJURO

LA MADRE BRUJA.—*Conjuro te, Sabella, quæ faciem habes
multiris et renes piscis, caput tennes in nube et pedes in
mari, septem ventos bajulas, dæmonibus imperas...*

JAUN.—¡Ya estamos con el latín otra vez! ¿Es que no
sabéis hacer los conjuros en vascuence?

CHIQUI.—¡Qué quieres! Los vascos son tan tradiciona-
listas, que a veces saben lo que han hecho sus padres,
pero nunca lo que hicieron sus abuelos. Antes había grandes maestros de magia y de brujería en Biarritz, en Guethary y en Saint-Pée, pero han olvidado su ciencia. Habrá

que comprarles un *Malleus maleficorum.* ¿Le dejamos a la madre que concluya su conjuro?

JAUN.—Bueno, que lo concluya.

LA MADRE BRUJA.—Ya está hecho el conjuro. Ya vienen.

(Van apareciendo como sombras, en la pared, gnomos y diablillos, feos y ridículos, echando fuego por la boca, en forma de murciélagos, búhos, lechuzas, vampiros, larvas, dragones, ranas montadas en peces voladores, y van diciendo todos sus nombres.)

LOS DIABLILLOS

Vientre negruzco, Barriga triste,
Culo de pavo, Piel de león,
Ojo de gato, Cuerno de cabra,
Cresta de gallo, Pie de cabrón.

CHIQUI.—Éstos son diablillos vulgares y de poca respetabilidad.

LOS DIABLOS.—*(Importantes, con un aire melancólico de maestros de escuela hambrientos.)*

Samiaxas, Leutias, Bucella,
Barnaza, Sabella,
Agios, Celin, Celes, Potas,
Ibris, Palamitis, Aglotas,
Authos, Anostro, Nostro, Bay,
Afren, Oscazo, Uba, Glay,
Actiova, Baleztaco, Caudebat,
Easas, Celsus, Saudebat,
Acaos, Asmodeo, Cedón,
Achas, Alex, Zabulón.

JAUN.—Todo eso me parece una estólida fantasmagoría. Yo veo únicamente sombras chinescas en las paredes.

CHIQUI.—Es que tú eres demasiado intelectual. *(A los demás.)* ¿No habéis visto vosotros a los diablos?

BASURDI.—Yo, sí.

MACROSOPHOS.—Yo, también.

CHIQUI.—¿Tú, Timoteus?

Timoteus.—*(Saliendo de su estupor.) Ab hoste maligno, liberanos Domine.* ¡Fuera! ¡Fuera, espíritus malignos! ¡Corramos! ¡Salgamos de aquí! Mil monstruos horribles pasan por el aire, y los vapores de la pez y del azufre no nos dejan respirar. ¡Corramos! ¡Satán nos acecha!

Chiqui.—Estos cristianos son la cobardía hecha carne. Tienen un miedo al infierno verdaderamente ridículo. El sacristán no duda de lo que ve.

Jaun.—Dejadle marchar, si tiene tanto miedo.

Chiqui.—¿Tú no lo tienes?

Jaun.—¿Yo? Ninguno. Esto me parece una farsa, más o menos divertida.

Chiqui.—¡Una farsa! ¡La obra del demonio! *(Por lo bajo.)* Este Jaun es un hombre templado.

VIII

SÁBADO

En la gran sala central se han reunido brujos y brujas y están rezando una letanía alrededor del macho cabrío, el símbolo solar convertido en el Diablo.

La madre bruja.—Lucifer.

El coro.—*Miserere nobis.*

La madre bruja.—Belzebuth, el mosquero.

El coro.—*Miserere nobis.*

La madre bruja.—Astaroth, de la Orden de los Serafines.

El coro. *Ora pro nobis.*

La madre bruja.—Sabaoth, el de la cabeza de asno.

El coro.—*Ora pro nobis.*

Jaun.—No vale la pena de venir aquí. Esto es una caricatura estúpida.

Chiqui.—¿Así te parece?

Jaun.—¡Claro que sí! Me decías que la religión cristiana que viene es judía, con un barniz romano; vuestra magia es también judía y también emplea el latín. Verdaderamente, estas *sorguiñas* no valen nada. Creo que las voy a decir que se vayan de mis ruinas de Errotazar.

Chiqui.—Déjalas aún un poco. Vamos a ver esta agorera. ¡Eh, tú, vieja!

LA AGORERA.—¿Qué deseas, maestro?

CHIQUI.—¿No podías hacernos algunas habilidades de las tuyas?

LA AGORERA.—¿Qué quieres que haga? ¿Queréis que os muestre vuestro porvenir en este caldero de agua?

MACROSOPHOS.—Este arte se llama lecanomancia.

CHIQUI.—Exacto. *(A Jaun.)* Esto tiene su mérito si se hace bien.

JAUN.—¡Ya veremos!

(La agorera revuelve el caldero y lo ilumina con una antorcha encendida.)

CHIQUI.—¡Eh! ¡Eh! ¡Cuidado con las llamas!

BASURDI.—Jamás había visto esto.

MACROSOPHOS.—Ni yo tampoco. ¡Cómo salen las llamas del caldero!

TIMOTEUS.—¡Vade retro, Satán! ¡Vade retro!

CHIQUI.—*(Confidencialmente a Jaun.)* Las llamas se consiguen con el potasio y el sodio y otros metales alcalinos.

JAUN.—Yo no he visto llama ninguna en el caldero.

CHIQUI.—¡Qué hombre! ¡No hay manera de darle la castaña!

LA AGORERA.—*(Mirando al Mediodía.)* Yo te exorcizo, Uriel Serafín, por los setenta y dos nombres de Dios Todopoderoso, por Adonai, por Belial, por Astaroth, príncipe del Infierno, para que nos hagas ver en esta agua, sin falacia ni engaño, todo lo que te voy a pedir. ¡Abraxas! ¡Abraxas! Ahora podéis mirar.

MACROSOPHOS.—¡Qué horror! ¡Qué monstruos!

BASURDI.—¡Da espanto mirar ahí!

TIMOTEUS.—¡Vade retro! ¡Vade retro! ¡Fuera! ¡Fuera, espíritus malignos!

JAUN.—*(Mirando.)* ¿Qué hay? Yo no veo nada.

CHIQUI.—¿No ves nada?

JAUN.—No veo más que el fondo del caldero.

CHIQUI.—Nos estamos desacreditando. ¿Así que no ves nada?

JAUN.—Nada.

(Salen todos al salón central)

CHIQUI.—Ya la gente viene a celebrar el Sábado.

(Entran brujos y brujas montados en palos de escoba)

LOS BRUJOS.—Lunes, martes, miércoles: tres.

LAS BRUJAS.—Jueves, viernes, sábado: seis.

BASURDI.—Domin...

CHIQUI.—¡Silencio! ¡Que no se le ocurra a nadie pronunciar el nombre del domingo!

LAS ESCOBAS.—Al fin hemos sido rehabilitadas. Durante siglos y siglos se nos ha tenido empleadas en ocupaciones viles, en contacto con el polvo y las inmundicias. Únicamente, como objetos de arte suntuario, hemos aparecido en el Carnaval en manos de las máscaras destrozonas. Nuestras admirables condiciones para la navegación aérea no nos han sido reconocidas, pero ha llegado el día de la redención: *le jour de gloire est arrivé.* ¡Qué marchas hacemos a ciento cincuenta kilómetros por hora! ¡Qué viradas! ¡Qué aterrizajes! ¡No, no, no hay que consentir que nos vuelvan otra vez a emplear en viles menesteres! No estamos en tiempo de oscurantismo. Somos aparatos de navegación aérea, no recogepolvos, ni limpiasuelos.

(Todos los brujos y brujas bailan la ronda con sus escobas, y un aldeano toca la cornamusa. Algunas viejas tienen en las manos huesos de persona; Basurdi y Macrosophos dicen que alumbran; Timoteus, que echan vapores de azufre; Jaun las ve tan sin luz como cualquier otro objeto. Las viejas, sofocadas de tanto bailar, se van poniendo en camisa.)

BASURDI.—¡Anda! ¡Anda! ¡Lo que se va a ver aquí!

CHIQUI.—Bueno, abuela bruja: el espectáculo es un poco cansado para nosotros y nos vamos.

LA MADRE BRUJA.—¿Os vais ya?

CHIQUI.—Sí, nos vamos.

(Jaun reconoce a un leproso, que vive en uno de los caseríos lejanos del barrio de Alzate.)

JAUN.—¿Qué haces tú aquí?

EL LEPROSO.—Vengo, señor...

JAUN.—¿Por qué vienes?

El leproso.—Porque éste es el único sitio en que me tratan como a un hombre.

(Chiqui y sus acompañantes salen del molino abandonado.)

IX

LOS HOMBRES CÉLEBRES Y LOS ESPEJOS MÁGICOS

Chiqui.—La verdad es que a este Jaun no hay manera de engañarle. Quiere ver sólo lo que existe en las cosas, como si ésta fuera una condición humana. Me ha fastidiado. No sé qué hacer para quedar en buen lugar. Le voy a enseñar unas estampas en color y unos espejos de los que deforman la figura. *(A Martín Ziquin.)* A ver, tú, Martín, ten cuidado. Yo les mostraré a éstos unas estampas al trasluz, y te diré quién es el personaje que representan. ¿Comprendes? Luego tú adornas la relación como puedas.

Martín Ziquin.—Bueno. Está bien.

Jaun.—¿Qué vamos a ver aquí?

Chiqui.—Primero beberemos.

Macrosophos.—Muy bien: *bibamus.*

(Beben todos, y Chiqui desaparece)

Martín Ziquin.—*(Con voz de charlatán de feria.)* ¡Adelante, señores, adelante! ¡Aquí verán ustedes los hombres célebres y los espejos mágicos!

Macrosophos.—Hay quien asegura que es peligroso mirar en algunos espejos, porque se puede perder el alma.

Jaun.—¡Bah! ¡Qué tontería!

Macrosophos.—Sí, sí; la ciencia de la catoptromancia tiene sus principios. Según Varrón, citado por San Agustín, *De civitate Dei,* esta ciencia procede de los persas.

Martín Ziquin.—¡Adelante, señores, adelante! ¡Aquí verán ustedes los hombres célebres y los espejos mágicos!

Chiqui.—Éste es Julio César.

Martín Ziquin.—Este calvo que tenéis delante es Julio César, rival de Pompeyo, a quien llamaban así porque era hombre de mucha pompa. Este Julio fue el que dijo aquello de *Veni, vidi, vici,* o sea: Vine por el camino del vicio, porque parece que este señor tenía una vida un tanto disoluta.

MACROSOPHOS.—¡Qué disparate!

MARTÍN ZIQUIN.—Lo más célebre que hizo Julio César fue el paso del Rubicón, que era un río que tenía cuatro o cinco varas de ancho. Todo el mundo le decía a Julio: «¿A que no lo saltas?» Y él tomó carrera y lo saltó a pies juntos.

MACROSOPHOS.—¡Absurdo! ¡Absurdo!

CHIQUI.—Éste es Nerón.

MARTÍN ZIQUIN.—Este gordo coronado de laurel es Nerón, que tenía la costumbre de ir a tocar la flauta al retrete, donde lo mataron. Entonces él dijo: *¡Qué artista se pierde el mundo!,* porque antes que él había habido flautistas de teatro, de café y de taberna, pero flautistas de retrete no había habido ninguno hasta él.

MACROSOPHOS.—¡Cuánta barbaridad!

CHIQUI.—Ahí está Carlomagno.

MARTÍN ZIQUIN.—Éste de la barba blanca es Carlomagno, a quien llamaban así por su estatura. Tiene un manto rojo, su corona con plumas negras, una espada en la mano y la bola del mundo en la otra.

MACROSOPHOS.—Este hombre no sabe lo que dice.

MARTÍN ZIQUIN.—¡Adelante, señores, adelante! ¡Aquí verán ustedes los hombres célebres y los espejos mágicos!

CHIQUI.—Éste es Mahoma.

MARTÍN ZIQUIN.—Aquí se nos presenta el célebre Mahoma, con su nariz afilada y su barba negra y puntiaguda. Éste es el que dijo aquello de: «Puesto que el monte no viene a mí, yo iré al monte a cazar conejos.»

MACROSOPOS.—¡Qué hombre más ignaro!

CHIQUI.—Ése es Átila.

MARTÍN ZIQUIN.—Aquí está Átila, el famoso Átila, que tenía un sistema especial para aplastar la hierba y que no volviera a salir. Su procedimiento fue el precursor del macadam. Como veis, Átila es bajo de cuerpo, de pecho ancho, de cabeza grande, nariz aplastada, ojos pequeños, barba rala y tez cobriza.

CHIQUI.—Ése es Roldán.

MARTÍN ZIQUIN.—Este jovencito, con cara de mujer y con un espadón en una mano y un escudo con su águila de dos cabezas en la otra, es Roldán, muerto por los vascos en Roncesvalles. Aquí lo tenéis de nuevo rodeado de los doce pares de Francia con el gigante Ferragus y el terrible Fierabrás.

JAUN.—Pero esto no es ya historia, sino novela.

MARTÍN ZIQUIN.—Novela o historia, a la larga yo creo que todo es novela, amigo Jaun. ¡Adelante, señores, adelante! ¡Aquí verán ustedes los hombres célebres y los espejos mágicos!

CHIQUI.—Éste es Merlín, el encantador.

MARTÍN ZIQUIN.—Este viejo, de triste aspecto, que se halla en una situación incómoda, es Merlín, el sabio encantador, encerrado en un espino por las malas artes de su amada Bibiana. ¡Fiaos de las mujeres! La rubiota es Melisenda y éste don Gaiferos... Y ya creo que se han acabado las estampas.

BASURDI.—Yo he oído hablar del Judío Errante.

MARTÍN ZIQUIN.—Os lo mostraré en seguida. ¡Eh, Chiqui! ¡El Judío Errante! Aquí está Isaac Laquedem: lleva, como veis, unas barbas muy grandes, un palo muy grueso, una montera en la cabeza y abarcas en los pies.

CHIQUI.—*(Saliendo de nuevo.)* Perdonad los disparates que ha dicho mi compañero. Ahora, si os parece, os enseñaré la Danza Macabra. ¡Un momento! Os dejo la botella para que os entretengáis.

X

LA DANZA MACABRA

BASURDI.—¡La Danza Macabra! ¿Qué es eso?

MACROSOPHOS.—Es lo que llamamos los cultos *Chorea Macchabæorum.*

BASURDI.—Estamos enterados.

JAUN.—Ya lo verás, hombre, ya lo verás.

CHIQUI.—Va a empezar.

(Se ve primero un cementerio a la luz de la Luna. Un esqueleto asoma la calavera por debajo de la losa; otro se esfuerza en levantar una gran lápida, y murmura, viendo que hay gente: «¡Y aún no se van!» Otro toca generala

*en un tambor con dos tibias. Viene luego una banda de
cornetas formada por esqueletos.)*

CHIQUI.—¡Aquí están los trompeteros de la muerte!

BASURDI.—¡Cómo tocan los condenados esqueletos trompetas, tiorbas, timbales!...

CHIQUI.—Aquí aparece el Papa de Roma en su trono,
con su tiara y su báculo. La muerte le acecha, y le llevará
con él. Aquí está el Emperador con su espada y el Esqueleto que le espía; aquí, el Rey en su palacio, a quien el
descarnado huésped le escancia de su jarro. Aquí, la Emperatriz, la Reina, el Obispo, el Cardenal, el Duque, la
Abadesa, la Mujer coqueta que se mira en el espejo, el
Fraile, la Monja, el Viajero, el Pastor... El Esqueleto que
representa la Muerte es jovial y alegre... Aquí va coronado
de laurel; allí va vestido con su capuchón; en otro lado
aparece mostrando a la víctima un reloj de arena; en esta
calle lleva, como un buen devoto, el farol del viático; al
astrónomo le muestra una calavera; al avaro, le roba su
dinero; al caballero le atraviesa con la lanza; al soldado
le mata con un fémur, y a cada paso toca la flauta, el
tambor, la tiorba y la cornamusa, y baila también alegremente mostrando la sonrisa de su calavera y haciendo crujir sus huesos y sus ligamentos...

MACROSOPHOS.—Interesantísimo.

CHIQUI.—Ahora, ¡bebamos un poco!

BASURDI.—Yo estoy ya que no puedo más. Se me cierran los ojos.

JAUN.—¡A mí me pasa lo mismo!

MACROSOPHOS.—¡Y a mí, también!

TIMOTEUS.—¡Y a mí!

(Van echándose todos en el suelo)

CHIQUI.—Vamos ahora a hacer un viaje aéreo. Como
prueba, iremos al monte Larrun. Voy a preparar las velas.
Subid a la nave. Uno, dos, tres... ¿Estamos todos? ¡Hala!
¡Vamos allá! ¡Cómo se agitan las velas!

BASURDI.—Yo quiero bajar. Me he olvidado de hacer
una necesidad.

MACROSOPHOS.—¡A mí se me va la cabeza!

TIMOTEUS.—¡Vade retro!

JAUN.—He bebido demasiado...; los oídos me zumban...; nada de esto es verdad...

CHIQUI.—Ya estamos en el monte Larrun.

BASURDI.—¡Qué pronto hemos subido!

MACROSOPHOS.—¡Con qué diligencia!

JAUN.—Sospecho que todo esto es mentira.

XI

CHIQUI Y MARTÍN

CHIQUI.—Aquí hay que hacer un esfuerzo, Martín. He emborrachado a esta gente. Los vamos a llevar en un carricoche hasta el monte Larrun. Cuando se despierten allá arriba, después de haberles dicho que han volado, lo creerán.

MARTÍN.—Bueno; voy a buscar un carrucho, y vuelvo en seguida.

(Viene con un carrito. Martín y Chiqui meten a los cuatro borrachos en él, y marchan hacia Larrun.)

XII

EL VIAJE AÉREO

CHIQUI.—¡Bueno, señores, prepararse! Ahora vamos a hacer el gran viaje. ¡A embarcarse todos! ¿Ya estamos?

TODOS.—¡Ya estamos!

CHIQUI.—Ya vamos subiendo. ¡Cuidado con la vela! ¡Qué viento!

BASURDI.—Se me va a escapar el gorro.

TIMOTEUS.—A mí se me va a marchar el bonete, y cuando vuelva no voy a poder ir a la iglesia.

MACROSOPHOS.—¿No hay bonetería en Vera?

TIMOTEUS.—No. Este bonete me lo han traído de Bayona de contrabando.

CHIQUI.—¡Mirad ahora qué terribles abismos hay debajo de nosotros!

BASURDI.—¡Qué miedo da eso!

MACROSOPHUS.—¡Qué tremendas concavidades! *¡Horresco referens!*

CHIQUI.—Vamos al Mediterráneo, paralelamente a los Pirineos.

MACROSOPHOS.—¡Alto ahí! ¿Cómo paralelamente? Eso no puede ser. Estrabón afirma que los Pirineos van de Norte a Sur, en dirección paralela al Rin.

CHIQUI.—Estrabón se equivoca.

MACROSOPHOS.—Estrabón no se puede equivocar.

JAUN.—Pues se equivoca. Plinio, el Antiguo, comprendió que los Pirineos van de Este a Oeste, y Tolomeo marcó la posición de los dos puntos extremos: uno, el promontorio de Easo, en el Océano ; y el otro, el templo de Afrodita, de Portus Veneris, en el Mediterráneo.

MACROSOPHOS.—Hay que ver quién tiene más prestigio. si Tolomeo o si Estrabón.

JAUN.—No ; hay que ver quién dice la verdad.

CHIQUI.—Tolomeo le puede, en este caso a Estrabón. Ahora vamos por el río Ebro. ¡Ya estamos en el mar Mediterráneo!

MACROSOPHOS.—¡Qué oleaje!

BASURDI.—He visto una ballena.

JAUN.—¿Una ballena en el Mediterráneo?

MACROSOPHOS.—Será algún leviatán.

JAUN. No hay tales leviatanes. Eso es una farsa bíblica.

CHIQUI.—Nos acercamos a las costas de Italia. ¡Ya estamos en Roma!

MACROSOPHOS.—Veo las siete colinas y el Capitolio. Y cerca del Capitolio, la Roca Tarpeya: *Saxum Tarpejum.* Creo que veo también la Loba.

JAUN.—¿Y no ves los célebres gansos?

MACROSOPHOS.—No. ¡Todavía, no!

JAUN.—A mí me parece que los estoy viendo.

BASURDI.—¿Y el Papa? ¿No se le ve al Papa por ninguna parte?

CHIQUI.—Ese que lleva tiara y un báculo es.

BASURDI.—¡Infeliz! ¿Y es tan pobre?

CHIQUI.—¿No ves que está prisionero, según dicen las beatas?

BASURDI.—¿No tiene casa?

CHIQUI.—¿Para qué la quiere? Si es representante de Cristo, que nació en un establo.

MACROSOPHOS.—¡Cómo se ve la grandeza de Roma!

BASURDI.—¡Qué pueblo! ¡Qué plazas del mercado rodeadas de calles! Ahí sí que habrá buenas cosas que comprar, y no pasará como en Alzate, que para cualquier cosa tenemos que ir a Lesaca o a San Juan de Luz.

CHIQUI.—Haría transparentes los tejados de las casas de la Ciudad Eterna con la fórmula de mi colega Asmodeo; pero como los hombres, clérigos y seglares, probablemente estarán haciendo ahora alguna bellaquería, no quiero convertiros en misántropos. ¿Adónde queréis ir después de Roma?

MACROSOPHOS.—Yo quisiera ver los países célebres de la Antigüedad.

CHIQUI.—¡Arriba, entonces! Allí se ve Atenas y el Partenón. A ese otro lado están las columnas de Hércules. Ese gran río que viene del país de la canela es el Nilo. Por eso algunos sabios encuentran a sus aguas cierto ligero sabor a natillas. Ahí tenéis la tierra de las amazonas y la isla de la Trapobana.

MACROSOPHOS.—En esa isla hay, según los autores, en cada año dos veranos y dos inviernos.

JAUN.—Eso es mentira.

CHIQUI.—Ésos son los etíopes.

MACROSOPHOS.—¡Ah, los etíopes! De los etíopes se sabe que imitan a su rey de tal manera, que cuando el monarca es cojo, todos cojean, y cuando es tuerto, todos andan con un ojo cerrado.

CHIQUI.—Cuando el rey de Etiopía sea tonto, lo que es frecuente en los reyes de todos los países, los etíopes andarán con la lengua fuera; fingiéndose más estúpidos de lo que puedan ser.

MACROSOPHOS.—Seguramente.

CHIQUI.—Pues eso pasa, más o menos, en todas partes, amigo Macrosophos. Ésta es Babilonia y su torre.

BASURDI.—¡Caramba! Es más alta que la de la iglesia de Vera.

CHIQUI.—Ésta es la reina de Saba, con su espada.

BASURDI.—¡Buena moza! ¡Buen pecho! ¡Cualquiera se acerca a ella con ese charrasco!

CHIQUI.—Ahí tenéis Egipto.

MACROSOPHOS.—Aquí, según dice Dión Crisóstomo en uno de sus discursos, hay una ciudad en donde todos los hombres y todas las mujeres son taberneros.

JAUN.—¡Fantasía!

CHIQUI.—¿Son también oradores?

MACROSOPHOS.—¿Por qué?

CHIQUI.—Porque si lo son, ese pueblo será el ideal del partido socialista. Esos otros son los Atlantes.

MACROSOPHOS.—¡Ah! ¡Los Atlantes! Ésos son seres gigantescos que viven donde hay una montaña de sal, y no tienen nombre.

JAUN.—¿Y cómo se distinguen entre ellos? ¿Por números?

MACROSOPHOS.—No sé. Es punto que no he dilucidado.

CHIQUI.—Éstos son los trogloditas, que viven en cuevas.

MACROSOPHOS.—Y que se llaman uno a otro toro, cabra, carnero, cerdo, burro... Así lo dice Diodoro de Sicilia.

BASURDI.—También nosotros nos llamamos cerdos y burros unos a otros.

MACROSOPHOS.—Sí, pero hay la diferencia, amigo Basurdi, que entre los trogloditas se llaman así sin ánimo de ofenderse.

CHIQUI.—Ahí están los ictiófagos, que se alimentan tan sólo de peces, y los lotófagos, que viven de la flor del loto. Ahora vamos a los yermos de la Escitia. Éste es el país de los pigmeos, que, según creencia general, se pasan la vida luchando con las grullas.

MACROSOPHOS.—Cierto. Pero hay que observar que Aristóteles coloca los pigmeos en Egipto, hacia las fuentes del Nilo. Filóstrato los supone en Asia, en las orillas del Ganges. Plinio, en la Escitia. Los unos, la mayoría, dicen que los pigmeos combaten con las grullas que les atacan; los otros, como Menecles, historiador griego en Atenea, sostienen que hacen la guerra a las perdices. Unos afirman que montan en pájaros; otros, en carneros. Los pigmeos, según Juvenal, no tienen más que un pie de alto: *Quorum tota cohors pede non est altior uno.* Los padres de la Iglesia, San Agustín, San Jerónimo, afirman la existencia de los pigmeos; y Santo Tomás dice que se pueden reducir los hombres a un tamaño que no pase de una hormiga. Según Filóstrato, los pigmeos son hijos de la Tierra

y hermanos del gigante Anteo. Tienen un codo de alto ;
las mujeres son madres a los tres años, y viejas a los ocho.
Sus casas son los cascarones de los huevos de grulla.

JAUN.—¡Cuántas majaderías!

MACROSOPHOS.—¿Cómo majadería? ¡Es la Ciencia! Hay
también pueblos corredores en donde los hombres no tienen más que una pierna y un solo pie.

JAUN.—¿Y andan?

MACROSOPHOS.—¡Claro que andan! Plinio los llama sciápodos.

JAUN.—Los llamará como quiera. No creo que existan
esos personajes.

MACROSOPHOS.—Los sciápodos tienen este nombre: pie
de sombra en griego, porque su pie es tan enorme que
cuando quieren librarse del sol el pie les sirve de som-
brilla.

JAUN.—Eso es ya el colmo de lo absurdo.

MACROSOPHOS.—¿Por qué? ¿No hay cinocéfalos? ¿No
hay monóculos? ¿No hay fanesianos, que se cubren el
cuerpo con las orejas?

CHIQUI.—En la realidad o en la imaginación los hay.

JAUN.—Sobre todo en la imaginación.

CHIQUI.—Aquí están Gog y Magog.

MACROSOPHOS.—¡Ah! Gog y Magog. Son gigantes sin
cabeza, con los ojos en el pecho y la boca en el estómago.

BASURDI.—¡Quizá por eso entonces nosotros hablamos
de la boca del estómago!

MACROSOPHOS.—No ; confundes las especies. Por tener
los ojos en el pecho a esos individuos se les llama ster-
nophtalmos.

JAUN.—¡Se les llama! La cuestión es que existan.

CHIQUI.—Gog y Magog son los tártaros y los mogoles.
Éste es el rey Bersebi, y este otro, el rey de Gambaleque.

MACROSOPHOS.—*Civitas Cambaleth magnis Canis Catha-
yo:* la ciudad Cambaleth del gran Kan de la China.

CHIQUI.—Por último, ahí está el Anti-Cristo, que, como
veis, lleva el número apocalíptico 666. Ahora, si queréis,
podemos subir a la isla de Thulé y a la isla de Ierne, donde, según dicen, se comen los unos a los otros ; pero su-
pongo que en esas latitudes nórticas hará mucho frío, y
no llevamos ni un mediano tapabocas, ni un mal chaleco

de Bayona. Volveremos, pues, a nuestro país. Ya estamos en Francia. Ahora pasamos por la Aquitania tercia o Novempopulania. Ya estamos otra vez en Larrun. Vamos a dormir. ¡Buenas noches!

XIII

AL DESPERTAR

Despiertan todos en una cueva del monte Larrun

Timoteus.—Todo esto no ha sido más que arte diabólico.

Jaun.—Quizá más borrachera que otra cosa.

Basurdi.—¿No hemos ido por los aires?

Timoteus.—No.

Basurdi.—¿No hemos pasado por encima de Roma?

Timoteus.—No.

Basurdi.—Pues ¿qué hemos hecho?

Timoteus.—Estarnos aquí sin movernos.

Macrosophos.—La especie afirmada por el sacristán me deja estupefacto y dubitativo.

Basurdi.—El sacristán es un mentiroso.

Timoteus.—No, no soy un mentiroso. Lo que sucede es que yo veo claro en las argucias del Enemigo Malo, y vosotros estáis seducidos por él.

Basurdi.—Yo hablo de lo que he visto.

Jaun.—¡A ver, pongámonos de acuerdo! Yo tengo la impresión de que hemos viajado, de que hemos pasado por encima del mar, que estaba blanco de espuma.

Macrosophos.—¿Cómo, blanco de espuma? Discrepo de la opinión del preopinante. Yo lo he visto verde.

Basurdi.—Yo lo he visto azul.

Timoteus.—A mí me pareció más bien negro.

Jaun.—Lo que era negro era el caserío de Roma.

Macrosophos.—¡Protesto! Negro, no; rojo, del color de la piedra.

Basurdi.—A mí me ha parecido amarillo.

XIV

SHAGUIT CANTA

Jaun.—¡Nada, nada! Todo esto ha sido fantasmagoría:
ni hemos viajado, ni andado por el aire, y el sacristán
tiene razón. (*Al salir de la cueva.*) ¡Demonio! Estamos en
el monte Larrun. ¿Quién nos ha traído aquí? ¿Cómo hemos venido? Ahí anda Shaguit, que canta.

Saguit

Cucu micu,
choriac sasian umiac ditu.
Shagusharrac jango al ditu,
shagusharrac alcatia
berac eguindu leguia.

(*Cucu micu, el pájaro tiene las crías en las zarzas. El
murciélago se las va a comer; el murciélago es el alcalde
y él ha hecho la ley.*)

Jaun.—¡Oye, Shaguit!
Shaguit.—¿Qué?
Jaun.—¿Tu nos has visto venir?
Shaguit.—Sí.
Jaun.—¿Por dónde hemos venido?
Shaguit.—Por los aires.
Jaun.—¿Por los aires?
Shaguit.—Sí.
Jaun.—¿Y cómo?
Shaguit.—Con las grullas.
Jaun.—No lo creo. Nos han debido de traer, cuando
estábamos trastornados, en algún carro.

XV

EL MONTE LARRUN

Soy, de los Pirineos, el monte más occidental. Soy el rey de este pequeño país vasco, tan amable y tan variable. En medio de un terreno carbonífero, del que estoy rodeado, me asiento sobre un fondo de roca primigenia. Tengo grandes peñascales, formados por enormes conglomerados, taludes verdes y rincones pedregosos con yezgos digitales y beleños.

Cuando quiero soñar, miro a esa estrella lejana, de la que estoy enamorado hace millones de años; cuando me siento melancólico, contemplo los montes abruptos e intrincados de España; si tengo la veleidad de sonreír, miro la fértil llanura de Francia.

A mi alrededor se cobijan Vera y Urruña, Hendaya y San Juan de Luz, Echalar y Sara, Ascaín y Zugarramurdi.

Veo los valles próximos de la Nivelle y del Bidasoa, alegres y risueños. Columbro la cuenca del Nive, que va a reunirse con la del Adour, en Bayona; el bosque de Saint-Pée, el Pico de Mondarraín; y contemplo las olas del mar, que dejan una línea blanca en la playa y rompen en espumas en los acantilados de Socoa, de Bidart y de Guethary.

Soy el vigía de este Golfo de Gascuña, tan inquieto, tan turbulento, tan pérfido.

He presenciado desde mi atalaya cataclismos geológicos; he contemplado el lento hundimiento de la costa en el Océano, y la lucha de los ríos próximos para abrirse paso por la tierra. He sido testigo de guerras marítimas y terrestres; he visto desembarcar a los romanos y a los vikingos; he observado cómo se organizaban los republicanos de la Revolución en la Croix du Bouquets y en el Campamento de los Sansculottes; he visto atrincherarse a los carlistas españoles en Peñaplata; a Muñagorri en el fuerte de Pagogaña de Erláiz, y al cura Santa Cruz en las guaridas de Arichulegui.

Tengo en la cumbre la Ermita del Espíritu Santo, que de día es cristiana y de noche se dedica a la brujería.

Pero nada de esto me inquieta; lo que más me preocupa es esa estrella lejana, de la que estoy enamorado hace millones de años, y que no se ha dado cuenta todavía de mis suspiros.

XVI

LA PALOMA

Vengo de la Escitia, de las selvas de la Europa central y oriental. Atravieso por encima de grandes bosques y de grandes lagos; veo ciudades nevadas, con torres bizantinas que tienen campanarios en forma de cebolla; y urbes populosas, con catedrales góticas de agujas de piedra llenas de calados, iluminadas por el sol de otoño.

XVII

EL RUISEÑOR

Soy la romanza de la noche, que surge y se oculta, y encanta la oscuridad con su gorjeo. Reflejo con mi música el corazón de la soledad y del campo, la poesía de la Naturaleza, y dejo en el alma una alegría melancólica parecida a un dolor, y una tristeza suave algo semejante a un placer.

XVIII

EL BÚHO

Soy un pájaro ilustre consagrado a Minerva, sabio como Salomón, un poco gato y un poco espectro. Quizá me inclino a la misantropía, quizá se pueda decir que mis costumbres son hurañas y salvajes. Me han querido pintar como un vampiro que sorbe la sangre de los niños, y han hecho hechizos con mis plumas. Fantasías. Tengo mala reputación, aunque inmerecida. He sido tratado injustamente. Tantos elogios para la paloma, que es estúpida.

ingrata y egoísta, y tantos desprecios para mí: todo porque ella es blanca y yo soy negro. Se me sacrifica a la
estética, ¡y a qué estética!, a una estética amanerada y
ridícula de poeta melenudo.

BASURDI.—¡El búho, pájaro del mal agüero!

MACROSOPHOS.—La presencia del búho no es funesta
hasta el preciso momento en que canta.

JAUN.—Yo creo que no es más funesta que la del gorrión.

MACROSOPHOS.—Los búhos y los cuervos son, según importantes autores, aves fatídicas y agoreras. Un búho se
mostró antes de la batalla de Filipos, anunciándole a
Casio su derrota y su muerte.

JAUN.—¿Lo ha contado el mismo Casio?

MACROSOPHOS.—No. Es conocimiento que tenemos de
auditu. Lo dicen los autores.

JAUN.—¡Bah! ¡Dicen tantas mentiras!

XIX

EL PASTOR

Sentado, con mi cayado blanco entre las manos, miro
los valles y el mar, y cuido de mis corderos, que se espar-
cen por los prados, mientras el cuco canta como si jugara
al escondite a lo lejos. A veces toco en el caramillo canciones sencillas y me parece que los mismos montes bailan
al son de mis tocatas. No conozco nada de cuanto ocurre
alrededor de mí; no sé cómo se vive, ni siquiera en los
pueblos que tengo frente a mi vista. Así, que cuando veo
a las grullas, que en otoño marchan a la retaguardia de
la emigración de las aves, tan altas como las mismas nubes, formando un triángulo y lanzando gritos penetrantes,
me pregunto: «¿De dónde vendrán? ¿Adónde irán?» Y sin
saber si son buenos o malos los países de donde vienen
y adonde van, miro a esos pájaros con envidia.

XX

EL MACHO CABRÍO

Yo soy el macho cabrío que preside los aquelarres. Soy el favorito y el acompañante de Baco, de Príapo, de Mendes y del dios Thor. Antes me tenían por el símbolo de la fecundidad; ahora dicen que soy el diablo, pero yo no lo he notado. Soy un pobre cornudo como otro cualquiera, al que han convertido en un mito solar. Simbolizo la noche tempestuosa fecundada por el rayo.

XXI

LA QUEJA DE URTZI THOR

Soy el dios Thor, el más fuerte de los dioses. Salido últimamente de Escandinavia, he llegado a reinar hasta en los Pirineos, en donde los vascos me rendían culto al mismo tiempo que a sus dioses locales.

Me llamaban Urtzi: el firmamento, la fuente del cielo, el solsticio del año, el trueno.

He oído hablar de un Aitor, padre de los euscaldunas; y ese Aitor es también mi antepasado.

Me agradaba ver mi reino extendido a las latitudes meridionales, a estos Pirineos, levantados, según la tradición, por el fuego. Me agradaba el homenaje de los vascos; el que, como los germanos y escandinavos, hubieran dejado el jueves bajo mi advocación, llamándole Urtz-eguna (día de Urtzi) y el que hubieran recordado mi nombre en su palabra trueno (turmoya).

He enseñado a los hombres el culto del heroísmo y del valor; he luchado con los gigantes y con la muerte, y si no los he vencido, ha sido por arte de encantamiento. He defendido al campesino y al forjador, y a todos los creadores y a todos los trabajadores de la Tierra.

Ahora los hombres me abandonan. El culto semítico de Jehová penetra por todas partes, y tengo que retirarme.

¿No me queréis, ingratos? Me iré con mis truenos y mis rayos y mis doce estrellas; me iré con mi martillo y mis guantes de hierro y el caldero en la cabeza. ¿No os gustan mis ojos torvos y mi barba roja? ¿No queréis nada con mis chivos? ¿Preferís los profetas judíos de pelo negro y rizado como figuras de escaparate de peluquería? Está bien. Me iré a mi reino aéreo. Ya no lucharé con la gran serpiente, el monstruo enemigo de los dioses y de los hombres, a quien vosotros, los vascos, llamabais Leheren-Suguia.

Yo no puedo mendigar. ¿No me queréis? Me iré, me embarcaré y desapareceré en los mares polares, en donde reina el sol de medianoche.

(Se acerca una barca vikinga pintada de negro, con un dorado mascarón de proa. Urtzi Thor entra en la lancha con sus machos cabríos.)

INTERMEDIO

EL CORO.—Gran pena nos da tu marcha, Urtzi Thor. ¿Por qué partir? ¿Por qué abandonarnos? ¿Es el destino fatal el que te obliga a dejar nuestras tierras? Si es así, ¡adiós!

EL OCÉANO.—¡Adiós, Urtzi Thor, valiente entre los valientes!

EL MONTE LARRUN.—¡Adiós, ágil Thor, dominador del rayo!

URTZI THOR.—*(Desde la borda de la barca.)* ¡Adiós! ¡Adiós Pirineos próximos al Océano! ¡Montes suaves y luminosos! ¡Valles verdes y templados! ¡Aldeas sonrientes y sonoras! ¡Adiós, viejos vascos altivos y joviales, de perfil aguileño! ¡Adiós, mozas alegres y danzarinas! Me vuelvo a mis desiertos helados. ¡Adiós! ¡Adiós!

QUINTA PARTE

ALEGRÍA Y TRISTEZA

EL AUTOR

Nuestro amigo Jaun marcha mal por el camino del intelectualismo. Los hombres graves, como el padre Prudencio y el mismo Macrosophos, le han querido disuadir de que vaya por esta fatal pendiente.

Él se ciega: quiere ver el pro y el contra de las cosas, con una absurda imparcialidad antes de decidirse; quiere esclarecer los asuntos con una odiosa crítica; pretende tener buen sentido. ¡En Alzate y en plena Edad Media!

A los escritores les pasa con sus personajes como a los creadores de monstruos y de homúnculos, por artes mágicas. Al principio, ellos, los padres, ordenan y mandan; luego son los hijos, los monstruos y los homúnculos, los que imponen su voluntad.

Yo no pensaba llevarle a Jaun por tan malos derroteros, pero él se ha precipitado en esta dirección, sin que yo le haya podido retener.

¡Pobre Jaun! ¡Desdichado Jaun! ¡Cuánto más te hubiera valido el ir a la novena o a las vísperas! ¡Someterse! Ésa es la verdadera senda de la felicidad.

¿A quién se le ocurre rebelarse y querer ser águila entre gallináceas?

¿A quién se le ocurre ser de la escuela del Pórtico, entre espesos sacristanes?

¡Pobre Jaun! ¡Desdichado Jaun!

I

CONVERSACIÓN EN LA CALLE

PRUDENCIO (*el rector*).—¿Qué tal, Macrosophos? ¿Cómo va tan ilustre pedagogo? ¿Sigues libando en todas las fuentes vináticas de la localidad?

MACROSOPHOS.—Sí, sigo libando. ¿Y el señor rector, está bien?

PRUDENCIO.—Muy bien.

MACROSOPHOS.—¿Tu iglesia sube?

PRUDENCIO.—Subirá hasta el cielo.

MACROSOPHOS.—¿El cepillo de las ánimas se llena con la gracia de Dios?

PRUDENCIO.—Se llena así así.

MACROSOPHOS.—Los diezmos y primicias van viniendo como el maná.

PRUDENCIO.—No cesan.

MACROSOPHOS.—Aquellas épocas, como la del milenario, en que todo el mundo cedía sus propiedades a la Iglesia, pensando en que se estaba en el *Limite mundi apropincuante,* pasaron.

PRUDENCIO.—Todo pasa. Y tu rebelde discípulo Jaun, ¿qué hace?

MACROSOPHOS.—Va mal. Lleva un camino imprudente y errado. Se está haciendo un escéptico.

PRUDENCIO.—He ahí adonde conduce la Ciencia.

MACROSOPHOS.—Compramos en Leyden una copia del poema de Lucrecio *De Rerum Natura,* y leyéndolo se le ha trastornado el juicio.

PRUDENCIO.—¡Lucrecio! ¡Si es aún peor que Averroes, *iste maledictus Averroes!*

MACROSOPHOS.—Mi discípulo está bajo la influencia nefasta y letal del libro de Lucrecio. Ha tomado de él su escepticismo, su ateísmo.

PRUDENCIO.—¡Qué horror!

MACROSOPHOS.—Un espanto.

PRUDENCIO.—Y tú, ¿qué vas a hacer?

MACROSOPHOS.—Ya estaré poco tiempo aquí.

PRUDENCIO.—¡Adiós, Macrosophos, ilustre pedagogo!

MACROSOPHOS.—¡Adiós, señor rector!

II

SOLEDAD

Es un domingo de otoño, por la tarde; hace un tiempo húmedo y tibio. Jaun está leyendo en su biblioteca. De cuando en cuando se levanta y mira por la ventana. En un prado próximo, un grupo de campesinos baila al son de la cornamusa. Algunas viejas juegan a las cartas en las portaladas de los caseríos.

Jaun, cansado de leer, contempla la tarde triste, que pasa. Las hojas amarillas van volando por el aire y corriendo por el camino. A algunos árboles les quedan todavía ramas secas, negras, con hojas rojizas, arrugadas y temblorosas. El cielo está gris; gime el viento y viene un olor acre de los helechos secos. Los grajos pasan graznando por las alturas, y una bandada de grullas vuela trazando un triángulo negro en el horizonte. A veces llueve. Se oye el ruido de las goteras en la guardilla de la torre, y el rumor del arroyo de Lamiocingo-erreca, que ha crecido y viene de un color amarillento. Se ve el humo que sale de las casas negras de Alzate.

Un mendigo, en la calle, canta acompañándose de la guitarra.

EL MENDIGO

Cuando el ángel San Gabriel
vino a darnos la embajada
que María electa es,
al punto quedó turbada.
María le dijo: Esclava
soy yo del Eterno Padre,
que a mí os envió.

JAUN.—¡Qué pena! ¡Qué horrible pena me da esta canción!

(Jaun cierra la ventana, enciende una lámpara y echa unos leños al fuego. El perro Chimista suspira al lado de la lumbre. La luz apenas ilumina la gran estancia, y todos los rincones están oscuros.)

(Jaun se sienta de nuevo en su sillón)

JAUN.—Intento arrancar de mi espíritu la esperanza y el temor. No sé si llegaré a conseguir la calma. En este rincón

sombrío me he aislado de los mortales y nadie acude ya
a verme más que algún enfermo que necesita de mis cui-
dados. Los vecinos me miran como a un extraño. Sólo la
lechuza viene por las noches a visitarme, y su chirrido
agudo me acompaña. Voy a despedir a Macrosophos. No
puedo aguantar su pedantería y su falsa ciencia. No sabe
más que nombres v triquiñuelas. Vamos a ver, sigamos
nuestra lectura:

«El amatista impide la embriaguez; el coral es antiepi-
léptico; la esmeralda se esconde si el que la lleva entra
en la alcoba conyugal; el diamante descubre la infidelidad
femenina; el zafiro es un preservativo contra los sorti-
legios.»

¡Cuánta tontería hay en todas estas ciencias que se llaman ocultas! La majadería oculta debían llamarse. Bueno,
¡adelante!

«Se sabe que el alción, parecido al martín pescador, es
una veleta natural que, suspendido por el pico, señala con
el pecho el sitio de donde viene el viento.»

Otra mentira. ¿Será indispensable para el hombre el
mentir así? Vamos a ver si hay algo bien observado, bien
real, en todo este libro:

«Se afirma que la planta llamada *sferra cavallo* tiene la
virtud de romper las cerrajas y de hacer caer las herraduras de los caballos que pasan por encima. Plinio supone
que esta virtud existe en la hierba *ætiophis,* pero duda de
ello, pensando que Escipión estuvo detenido a las puertas
de Cartago, a pesar de tener esta hierba a su antojo.»

Siguen las extravagancias. ¡Tú, Lucrecio, viste bien clara
la realidad, la Naturaleza, la Naturaleza ciega de leyes
rígidas e inmutables! Seguiremos nuestra lectura:

«También se puede abrir una cerradura sin llave escri-
biendo sobre un pergamino los siguientes caracteres:

$$+ + \text{F. A. P. H. R. G.} \quad (\text{A. P. H. Q.})$$

poniendo luego este pergamino en una tela nueva y colo-
cándolo en un altar cristiano, donde debe tenérsele durante nueve días.»

¡Qué simplezas! ¿Cómo se pueden llenar los libros con
tales absurdos? Veremos si más adelante hay alguna ob-
servación útil.

«Se dice que en el palacio de Venecia no hay ninguna mosca, y que en el palacio de Toledo hay solamente una, y que esto se debe a que en los dos palacios reales hay en los cimientos ídolos de metal enterrados. Gregorio de Tours, en su *Historia Francorum,* asegura que ciertas gentes dicen que la villa de París había sido hecha antiguamente, y consagrada en forma tal, que no estaba sujeta a los incendios, ni se veían en ella serpientes ni lirones; pero que en su tiempo, cuando se limpió uno de los puentes de París, que estaba lleno de barro, se encontró una serpiente y un lirón de acero, que se quitaron de allí, y que desde entonces se vio una cantidad prodigiosa de lirones y de serpientes en los alrededores, y que desde esta época se vio la ciudad sujeta a incendios.»

¡Oh, Lucrecio! ¡Qué desdén sería el tuyo leyendo estas inepcias!

III

MAESTRO Y DISCÍPULO

MACROSOPHOS.—Amigo Jaun, tomas los libros con demasiada voracidad. Hay que vivir: *Primum vivere, deinde philosophari.*

JAUN.—Eso está bien para ti, que buscas en los libros un medio de lucimiento; para mí, no.

MACROSOPHOS.—Pues tú ¿qué buscas?

JAUN.—Una utilidad espiritual, pero una utilidad; algo que resuelva el problema de mi vida.

MACROSOPHOS.—¿Por qué crees que buscar el lucimiento es peor que buscar la salud o la utilidad?

JAUN.—No creo que sea mejor ni peor, pero sí distinto. Cuando un hombre como tú, y otro como yo, se encuentran, no es fácil que estén de acuerdo. El uno quiere jugar con las ideas; el otro quiere vivir con ellas. Uno de los dos dirá: «Este egoísta busca la Ciencia para su tranquilidad y su paz»; el otro pensará: «Este histrión no piensa más que en lucirse.»

MACROSOPHOS.—¿Tú quieres la paz y la tranquilidad?

JAUN.—Sí.

MACROSOPHOS.—¿Eso buscas?

JAUN.—Sí, busco la verdad. Yo quisiera saber dónde está la verdad, para refugiarme a su sombra.

MACROSOPHOS.—¿No te bastan la religión y la Ciencia?

JAUN.—La religión no me basta, porque no creo en ella. La Ciencia, tampoco, porque no sé dónde está.

MACROSOPHOS.—En la Física, en la Lógica, en la Astrología, en la Alquimia...

JAUN.—Toda esa ciencia de palabras en latín, en griego o en hebreo es una ilusión ; todas estas disquisiciones sobre ideas y cosas que no se sabe si tienen realidad, son fantasmagorías. ¡Quimeras! ¡Puras quimeras! ¡Vanas quimeras! Hablar de la Trinidad y de la Gracia, del Verbo, del Pneuma, del Demiurgo, de planos astrales y de la piedra filosofal, y de las hipóstasis y de la metempsícosis... es fantasear sobre el vacío. No hay más que la Naturaleza.

MACROSOPHOS.—Ya aparece la influencia nefastísima del libro de Lucrecio.

JAUN.—He experimentado y he podido comprobar la vacuidad de esa pretendida ciencia.

MACROSOPHOS.—¿Por qué medios?

JAUN.—Por la experimentación.

MACROSOPHOS.—La experiencia es falaz, como dice Hipócrates. Tengo más confianza en la dialéctica, en el silogismo.

JAUN.—El silogismo es un armazón inútil. Que dos proposiciones universales de afirmación den una consecuencia particular afirmativa, es verdad ; pero ¿qué me enseña esto? *Todos los hombres son mortales, yo soy hombre, luego yo soy mortal.* No necesito hacer semejante proposición ; ya sé que soy mortal sin necesidad de silogismo.

MACROSOPHOS.—Eso es arruinar la Ciencia.

JAUN.—La Ciencia que no es ciencia. La ciencia de palabras.

MACROSOPHOS.—Duns-Escoto, llamado el Doctor Subtilis, ha hecho notables descubrimientos con el empleo del silogismo.

JAUN.—No lo creo.

MACROSOPHOS.—Las palabras pueden tener una importancia grande: *Carmina de cœlo possunt deducere lunam.* Se hace con palabras caer la Luna en Tierra, ha dicho Virgilio.

JAUN.—Que lo diga Virgilio o que lo diga Basurdi, mi criado, para mí es igual.

MACROSOPHOS.—¡Qué blasfemia!

JAUN.—¿Qué efecto puede ejercer en la Naturaleza el colocar ciertas palabras o ciertas letras en un orden o en otro o el pronunciarlas? Ninguno. Las palabras para la Naturaleza no son más que ruido.

MACROSOPHOS.—Orígenes y San Clemente de Alejandría han demostrado de una manera palmaria que los nombres de Dios colocados de cierta manera pueden hacer milagros... naturalmente con la colaboración del demonio.

JAUN.—Mis experiencias me demuestran que nada de eso es verdad.

MACROSOPHOS.—¿Cómo has verificado las experiencias?

JAUN.—Conforme a las reglas.

MACROSOPHOS.—La experiencia no puede invalidar lo que han asegurado los maestros; Aristóteles, Plinio, los padres de la Iglesia, San Agustín, Orígenes, Santo Tomás, han creído que las palabras eran algo más que *flatus vocis.*

JAUN.—Para mí no hay más que los hechos.

MACROSOPHOS.—¡Los hechos! ¿Qué importan los hechos?

JAUN.—Los hechos son todo. Fuera de los hechos no hay más que teorías e hipótesis que deben estar apoyadas en ellos. Cuando las hipótesis no pueden basarse en hechos no son nada más que fábulas; así, el arte notoria, la magia, la astrología, son fábulas.

MACROSOPHOS.—¿Y la autoridad de los maestros, el *consensus omnium,* no tiene valor?

JAUN.—Para mí, no. El *Magister dixit* no significa nada.

MACROSOPHOS.—¿Qué experiencias has realizado que te inclinan a creer en la inanidad de las prácticas de los maestros?

JAUN.—Muchas y de todas clases.

MACROSOPHOS.—Veámoslas...

JAUN.—Principalmente mis experiencias se han referido a la magia.

MACROSOPHOS.—¡Bien! ¡Veámoslas! *Prima..., secunda..., tertia.*

JAUN.—He visto, por ejemplo, que la Luna no tiene ninguna influencia en el crecimiento de las plantas; he visto que las abejas compradas trabajan lo mismo que las prestadas; he podido comprobar que la palabra *Ananizapta* no tiene acción alguna en las fiebres pestilenciales, y que no se curan las mordeduras de los perros, diciendo: *Hax, pax, max, Deus adimax.*

MACROSOPHOS.—Ésas son minucias que no tienen importancia.

JAUN.—Para la Ciencia no debe haber minucias.

MACROSOPHOS.—¿Qué más has comprobado como falso?

JAUN.—He comprobado que llevar al cuello, escrita en una vitela, la palabra *Abracadabra,* siguiendo las instrucciones de Serenus, antiguo médico y partidario de Basílides, el gnóstico alejandrino, en sus versos, que comienzan diciendo:

Inscribis chartæ quod dicitur Abracadabra,

formando un triángulo, no hace efecto ninguno.

MACROSOPHOS.—¿Ninguno?

JAUN.—Ninguno. Y tan inútil es poner la palabra *Avigazirtor* en un pergamino nuevo antes de salir el sol.

MACROSOPHOS.—Así que, según tú, las filacterias ¿no tienen acción?

JAUN.—No tienen acción. He tomado un trozo de pergamino rojo y he escrito: *Omnis spiritus laudet Dominum.* Receta infalible de la magia para conseguir lo que se quiera. Se la he dado a Basurdi, le he encargado luego que hiciera tres o cuatro cosas; no ha hecho ni una de ellas.

MACROSOPHOS.—Quizá Basurdi ha dicho alguna oración cristiana que ha invalidado el efecto mágico de la filacteria.

JAUN.—No sabe ninguna oración, ni cristiana ni no cristiana. Si no ha hecho nada de cuanto le he encargado ha sido por holgazanería natural, pura y sin mezcla de otra cosa.

MACROSOPHOS.—¿Qué más pruebas has verificado?

JAUN.—He metido en una redoma el corazón de una gallina negra, de un murciélago y de una rana: medio de hacerse invisible, según los mágicos; he hecho que lleven la redoma unos y otros en la mano derecha.

MACROSOPHOS.—¿Y nada?

JAUN.—Nada. Se les seguía viendo lo mismo. He cogido hierba en la noche de San Juan y he visto que se seca como todas las demás, y que no cura ninguna enfermedad. He probado si la aguja que sirve para coser la ropa de un muerto, puesta en una mesa, impide comer a las gentes que se sientan en ella, y no tiene la menor acción.

MACROSOPHOS.—¡Es extraño!

JAUN.—He comprobado que el pan cocido en la víspera de Navidad se seca lo mismo que el cocido en otro día, y que el llenar los viernes las barricas de sidra es igual que llenarlas el lunes o el sábado. He trasplantado el perejil hace más de un año, y no he muerto.

MACROSOPHOS.—No me choca. Ésa es una superstición popular.

JAUN.—He cortado la cabeza de un murciélago con una moneda de plata, la he puesto en un agujero, la he tenido durante tres meses, la he pedido dinero, y nada. Todo es mentira, y lo que no es mentira es un juego como vuestros silogismos y vuestra lógica. Únicamente es verdad la matemática.

MACROSOPHOS.—Eso quiere decir que no me necesitas.

JAUN.—Ésa es una consecuencia exacta que deduces sin necesidad de silogismo.

MACROSOPHOS.—Está bien. Me voy. Me encontraba cansado de vivir aquí.

JAUN.—Me alegro. Así los dos estaremos contentos.

IV

EL NIÑO

Unas semanas después

BASURDI.—¡Amo!

JAUN.—¿Qué pasa?

BASURDI.—Hay ahí una mujer francesa con un niño.

JAUN.—¿Y qué quiere?

BASURDI.—Quiere hablarte.

JAUN.—¿A mí?

BASURDI.—Sí.

JAUN.—Bueno ; que pase.

(*La mujer entra con un niño de cinco años, de la mano*)

LA MUJER.—¿Eres tú Jaun de Alzate?

JAUN.—Sí ; soy yo.

LA MUJER.—¿Te acuerdas de Pamposha, de la chica de Balezta?

JAUN.—Sí ; ¡no me he de acordar!... ¿Qué le pasa?

LA MUJER.—La Pamposha vivía en Sara con su marido, pero el marido no la trataba bien y ella se ha escapado de casa. Dicen que ha ido a París a vivir con un marqués.

JAUN.—¡Qué fácil es para ésa la vida! ¿Sigue siendo tan guapa?

LA MUJER.—¡Guapísima! Antes de marcharse de Sara, la Pamposha estuvo en mi caserío y me dijo: «Si mi marido le trata bien a mi hijo, déjalo con él ; pero si ves que le trata mal, cógelo y llévalo a la torre de Jaun de Alzate, en Vera, y dale a Jaun este papel.» He visto que al niño le trataba mal y te lo traigo. Ahí tienes el papel.

JAUN.—*(Leyendo.)* «Jaun: Te envío a tu hijo. Acuérdate de la noche de Navidad, en Easo.—*Pamposha.*» ¿Y este niño? ¿Este niño es el hijo de Pamposha?

LA MUJER.—Sí.

JAUN.—¿Cómo se llama?

LA MUJER.—Bihotz.

JAUN.—¡Este niño es hijo mío! ¡Qué emoción me produce el saberlo! *(A Basurdi.)* ¡Basurdi! Llama a mi mujer.

EL NIÑO.—*(A Jaun.)* ¡Cuánto libro hay aquí! ¿Tienen figuras?

JAUN.—Sí.

EL NIÑO.—Yo quiero verlas.

JAUN.—Ya te las enseñaré. ¡Mira! *(Le da un libro.)*

EL NIÑO.—Éste tiene pocas figuras. ¡Yo quiero otro!

JAUN.—Toma otro.

EL NIÑO.—Y ese animal que tienes colgando en el techo, ¿qué es? ¿Una lagartija grande?

JAUN.—Sí.

EL NIÑO.—Yo le quiero tocar.

JAUN.—Ya te subiré en brazos. ¿No tienes miedo de que te muerda?

EL NIÑO.—No ; porque está muerto.

USOA.—*(Entrando.)* ¿Qué pasa, Jaun? ¡Un niño! ¡Qué niño más bonito!

JAUN.—Sí, es verdaderamente bonito, pero es un poco tirano.

USOA.—Es precioso, es un encanto. ¿Cómo te llamas?

El niño.—Bihotz.

Usoa.—¿Quieres que te siente en la falda?

El niño.—Sí.

Jaun.—Ya está haciéndose el amo. *(A Usoa.)* Pues ¿sabes de quién es este chico?

Usoa.—¿De quién?

Jaun.—De la Pamposha de Balezta. La Pamposha se ha marchado a París. Le han dicho que yo soy un sabio y me dice en una carta que quisiera que le tuviéramos al niño unas semanas en casa y que le enseñara algo. *(Aparte.)* ¡Cómo miente uno cuando tiene interés en algo!

Usoa.—Si a ti no te parece mal que se quede...

Jaun.—A mí, al contrario, me distraerá.

Usoa.—Entonces, que se quede.

Jaun.—A esta mujer que ha venido de Sara trayendo el niño dadle de comer y lo que pida por su trabajo.

v

MURMURACIONES

La abuela de Olazábal.—¿Y ahora qué hace Jaun?

Basurdi.—Está completamente cambiado. Desde que ha venido el hijo de la Pamposha no es el mismo hombre. Ha dejado los libros, corre, juega por la huerta, parece también él un chiquillo. El otro día Bihotz rompió uno de los mapas de la biblioteca que más estimaba Jaun, y éste no se incomodó, se echó a reir.

La abuela de Zarratea.—Y la Pamposha de Balezta, ¿dónde está?

Basurdi.—Dicen que está en París, hecha una reina, que tiene un palacio, criados..., pero no puedo entretenerme más. ¡Adiós!

La abuela de Olazábal.—¡Qué escándalo! Usoa es una tonta. Ese niño es hijo de Jaun.

La abuela de Zarratea.—¿Tú crees?

La abuela de Olazábal.—¡Claro que sí! Ese niño tiene aquí a su abuelo, al de Balezta, y, sin embargo, va a casa de Jaun.

NÚM. 177.—6

La abuela de Zarratea.—¡Es verdad! ¡Pobre Usoa! ¡Los hombres! ¡Qué bandidos!

La abuela de Olazábal.—¡Y las mujeres! ¡Ahí tienes a la Pamposha! En París..., con palacios..., criados y con amantes...

La abuela de Zarratea.—¿Tú crees que tendrá amantes?

La abuela de Olazábal.—¡Seguramente! ¿Quién le va a mantener si no?

La abuela de Zarratea.—¡Qué escándalo! No hay más que desengaños en la vida.

La abuela de Olazábal.—Ya no se puede ser una mujer honrada.

La abuela de Zarratea.—Es verdad.

La abuela de Olozábal.—¿Quieres que tomemos una *thantha*?

La abuela de Zarratea.—¿No nos hará mal?

La abuela de Olozábal.—No, no. Es muy bueno. ¡Con estas humedades!

La abuela de Zarratea.—¡Y con las penas y los desengaños que ha tenido una!

VI

EL NIÑO ENFERMO

Ha pasado un año. Bihotz, el hijo de la Pamposha y de Jaun, lleva muchos días enfermo. Jaun estudia su enfermedad en los libros que tiene: en Hipócrates, Galeno y Avicena; ha llamado a una hechicera que, según fama, entiende de medicina; han pasado al niño por el tronco agujereado de un roble; han empleado todos los remedios de la magia y de la medicina, y Bihotz empeora. Esta noche el niño ha tomado tan mal aspecto que Jaun dice a su mujer Usoa:

Jaun.—Voy en busca de un médico a Francia.

Usoa.—¿Ahora?

Jaun.—Sí.

(Jaun baja del cuarto a la cuadra. Se ha puesto el capusay y ha montado a caballo, y va en medio de la noche negra por una estrecha calzada a buscar la regata de In- zola. Chimista, el perro, le sigue. Está lloviendo. El caballo se hunde hasta el vientre en el camino, que se halla lleno de barro. Luego sube por una calzada pedregosa que va

*escalando el monte, con un ruido de campanas que hacen
las herraduras al chocar y sacar chispas en los guijarros.
En lo alto del puerto de Inzola el viento azota furiosamen-
te, y muge como si, en la noche, hubiera algún terrible y
gigantesco toro escondido en el barranco próximo. Por la
mañana, Jaun vuelve con el médico francés. El niño sigue
lo mismo.)*

VII

EL MÉDICO

Jaun.—¿Lo has visto bien?

El doctor.—Sí.

Jaun.—¿Qué te parece?

El doctor.—Me parece un caso desesperado. Todos los niños que he visto así han muerto.

Jaun.—¿Qué podríamos hacer? ¿Una gran revulsión en los pies no le despejaría la cabeza?

El doctor.—Ensaya.

Jaun.—¿No crees que podría dar resultado?

El doctor.—Creo que no, pero ensaya.

Jaun.—¿Qué has hecho en los demás casos que has visto?

El doctor.—He empleado distintos remedios, y ninguno me ha dado resultado ; por eso no prescribo nada.

Jaun.—Tu verdad es cruel.

El doctor.—¿Para qué quieres que te engañe?

Jaun.—Tienes razón. Si no puedes hacer nada, déjalo. Al menos no hagamos sufrir a este pobre cuerpo. ¡Adiós! Un criado te acompañará hasta tu pueblo.

El doctor.—¡Adiós! Siento haber venido por primera vez aquí en momento tan triste.

VIII

LA MUERTE

Jaun.—Ya está cada vez peor. Ya no ve. *(Saliendo a la ventana.)* ¡Urtzi! ¡Urtzi! ¡Dios! ¡Dios! Es igual. Sólo se oye el ruido del viento y de la lluvia en medio de la noche.

¡Qué pena! ¡Qué dolor! ¡Qué ciencia inútil! Todo lo que he estudiado no me ha servido para nada, ni para alargar un momento la vida de este niño. ¿Qué voy a hacer ahora? ¿Adónde acogerme? Nada y nadie. Éstas serán desde ahora mis palabras. ¡Oh, Urtzi! Era más feliz cuando creía en ti.

Usoa.—Se muere el pobre como un pajarito.

Jaun.—¡Desdichados! ¡Locos! No hay por encima de nuestras vidas más que una Naturaleza fría y ciega, que no elige ni ve.

Usoa.—Ha muerto ya.

Jaun.—*(Sollozando y estrechando nerviosamente la mano de su mujer.)* Ve a descansar, Usoa.

Usoa.—¿Y tú?

Jaun.—Yo no podría dormir.

IX

LAMENTACIONES

Jaun.—¡Desdichado! ¡Desdichado! ¿Por qué pusiste tus entusiasmos de viejo en esta débil criatura? El mundo me parece ahora más negro, más sombrío que nunca. ¿Por qué haber colocado todas tus esperanzas en este niño? ¡Morir, morir! Ya no me queda más esperanza. ¡Salir pronto de esta angustia, marchar a la nada, escapar de un universo ciego y sordo!

Coro de espíritus invisibles.—¡Jaun! La vida no es el capricho de los hombres, y el Destino lo rige todo ciegamente. Busca, sigue tu marcha hasta el final con valor y con energía.

Jaun.—Sí; somos unos pobres fantoches movidos por el Destino. Nuestra desgracia no es ni siquiera original; lloramos con los gestos que otros han hecho, repetimos las muecas de los demás y dejamos nuestro sitio en este pobre teatro a otros que repetirán nuestros gestos. ¡Oh terrible miseria!

Chimista *(el perro).*—Mírame a mí, humilde, tranquilo, suspirando al lado del fuego. ¡Ésa es la vida!

JAUN.—El querer saber me ha matado. Pero ¿quién había de pensar que de la Ciencia saldría el universo ciego, la Naturaleza sorda a nuestros gritos, el cielo vacío? (*Se asoma a la ventana. Comienza a amanecer.*) El mundo entero es un cuerpo sin vida, es un cadáver grande, y los hombres somos sus tristes gusanos, que lo vamos royendo hasta que la muerte acaba con nosotros. Oigo voces. ¿Quiénes pueden ser?

X

LOS PEREGRINOS

Somos los peregrinos, que volvemos de Santiago de Compostela. ¡Dadnos una caridad, por Dios, que bien la merecemos!

Cruzamos por estos breñales para no pasar por el *Summus Pyrinœus* y la *Crucem Karoli,* porque los vascones nos roban, nos amenazan con sus lanzas y hasta nos hacen servirles de burros.

Somos velches y germanos, francos y bretones, normandos y picardos. Unos vamos por fe ; otros, por hambre ; quién, por holgazanería ; quién, por vivir una vida más intensa y más divertida de la que llevamos en las míseras aldeas, dominados y explotados por un señor o por un abad. Antes nos guiaba un ángel o una estrella ; ahora nos guía la codicia y el afán de aventuras.

Vivimos entre grandes peligros: hambre, sed, cansancio, frío, nieves, tempestades, borrascas y alimañas.

Somos los peregrinos que volvemos de Santiago de Compostela. ¡Dadnos una caridad, por Dios, que bien la merecemos!

Llevamos una esclavina de muchas conchas, porque somos hombres de más conchas que un galápago, y una calabaza, no precisamente para el agua bendita. Tenemos una alforja, y un bastón, y un sombrero ancho, y vamos en grupo cantando canciones religiosas. Cuando encontramos un buen asilo en un convento, para la noche, lo pasamos bien ; pero cuando no, sufrimos muchas miserias.

Somos los peregrinos que volvemos de Santiago de Compostela. ¡Dadnos una caridad, por Dios, que bien la merecemos!

Dum pater familias
rex universorum
donaret provincias
jus apostolorum
Jacobus Hispanias.
Lux, illustrat, morum.

JAUN.—¡Esperad, esperad! Yo voy también con vosotros.
ARBELÁIZ.—¿Adónde vas, Jaun?
JAUN.—Voy a buscar la verdad. ¡Adiós!

XI

QUINCE AÑOS DESPUÉS

Jaun ha llegado a su barrio de Alzate al anochecer de un día de invierno. Viene moribundo, apoyándose en un bastón.

JAUN.—Estoy perdiendo fuerzas por momentos; temo morir antes de llegar a casa. El viento helado hace temblar mi cuerpo con escalofríos. Me tendería aquí, al borde del camino, a morir, pero quisiera llegar a casa... ¡Ah!... Me acerco... ¡Ya estoy!
USOA.—(Llama.) ¿Quién es?
BASURDI.—Es un mendigo.
JAUN.—No, Usoa; ¡soy yo, Jaun!
USOA.—¿Tú? Pobre amigo. ¡Cómo vienes! ¡Qué pena!
JAUN.—Sí, soy yo. Llévame a mi cuarto, porque no veo ya.
USOA.—¡Pobre! ¡Pobre!
JAUN.—¿Estáis todos bien?
USOA.—Sí: todos bien.
JAUN.—¿Vive Arbeláiz?
USOA.—Sí, todavía vive. ¿Quieres que le llame?
JAUN.—Bueno, sí.
USOA.—Ahora vendrá.
JAUN.—¿Qué hicisteis de mis libros?
USOA.—Los quemamos.
JAUN.—¿Y por qué?
USOA.—Los mandó quemar el padre Prudencio, para que otras personas no se trastornasen leyéndolos.

JAUN.—¿Y el mirador de la huerta? ¿Seguirán mis árboles?

USOA.—No, los mandó cortar el padre Fanáticus.

(Entra Arbeláiz)

ARBELÁIZ.—¿Has vuelto, Jaun? No esperaba ya verte. ¿Has encontrado la verdad que buscabas?

JAUN.—No hay verdad única, Arbeláiz... no... Urtzi es tan verdad como Jehová o como el Cristo. ¿Os habéis hecho católicos?

ARBELÁIZ.—Sí.

JAUN.—Ya lo he notado en que me han quemado los libros y me han arrasado el jardín.

ARBELÁIZ.—Los frailes franciscanos han puesto un convento aquí enfrente, en Celaya.

JAUN.—¡Pero esa casa es mía!

ARBELÁIZ.—Tu mujer se la ha cedido a ellos y ellos han catequizado al pueblo. Todos se han bautizado, menos Shaguit, el loco.

JAUN.—¿Así que él y yo hemos sido los únicos locos del pueblo?

ARBELÁIZ.—Así parece.

SHAGUIT.—(En la calle, cantando):

> Iru chitu izan ta
> eta lau galdu.
> Nere chituaren ama
> zeñec jan du?
> Acheriyac jan diyo lepoa
> eta erretora jauna troncoa.

(¡Tener tres pollitos y perder cuatro! ¡Quién ha comido la madre de mis pollos? La zorra le ha comido el cuello, y el señor Rector el tronco.)

JAUN.—¿Esa voz es de Shaguit?

ARBELÁIZ.—Sí.

JAUN.—Dile que suba.

USOA.—¿No quieres que venga el padre Prudencio, Jaun? ¿No quieres confesarte con él?

JAUN.—No, no ; que abran las ventanas para ver los montes queridos ; que cante Shaguit y que me dejen morir en paz.

EPÍLOGO

Nuestro pobre Jaun ha muerto. Había ido y venido; había andado demasiado, y le ha llegado su hora.

En la casa de Alzate se han practicado ocultamente algunas ceremonias de la religión antigua. Se ha puesto una moneda en la mano del difunto; se ha dado con el ataúd, al sacarlo de la casa, varios golpes en las esquinas. Se ha comunicado también la muerte del amo a los animales domésticos y a las abejas. Algunos amigos fieles piensan ir a Gentil-arri y hacer allí libaciones en honor del patrón fallecido.

Se ha sacado el cuerpo de Jaun, y ahora los curas le llevan a enterrar, con mucha pompa, al cementerio cristiano, que está alrededor de la iglesia nueva, cantando el gori gori. Las campanas hacen: din, dan, din, dan.

PÁTER PRUDENTIUS.—Este hombre que vamos a enterrar era un rebelde, que pretendía discurrir por su cuenta, sin hacer caso de la Iglesia. Si no fuese por el escándalo, yo hubiera sido partidario de enterrarle fuera de sagrado.

PÁTER FANÁTICUS.—Eso hubiera sido lo mejor. El alma de este hombre estará en el infierno.

PÁTER ANGÉLICUS.—Dios le habrá perdonado.

PÁTER FANÁTICUS.—Ha rehusado los sacramentos.

ARBELÁIZ.—No pensaba él, sin duda, que estuviera tan malo.

PÁTER FANÁTICUS.—¡No pensaba! Cuando se tiene fe, no se descuida eso nunca; pero no tenía fe y merece un castigo eterno.

PÁTER ANGÉLICUS.—La misericordia de Dios es infinita.

PÁTER FANÁTICUS.—Jaun era un réprobo, un impío rebelde a las órdenes de la Iglesia.

EL AMA JOVEN DE OLAZÁBAL.—¡Parece mentira! Según dicen, Jaun no ha muerto como buen cristiano.

EL AMA JOVEN DE ZARRATEA.—¡Jesús, María y José! ¡Qué cosas se oyen! ¡Nosotros los de Alzate, que hemos sido siempre tan buenos cristianos!

ARBELÁIZ.—¡Pobre Jaun, amigo mío! Tú eras valiente y bueno ; tú hubieras luchado con estos hombrecitos vestidos de sotana que van a ser nuestros tiranos.

EL POSADERO.—¡Magnífico duelo el del señor de Alzate! Los hombres de su barrio se han comido dos docenas de corderos y se han bebido una barrica de vino. Las viejas se han dedicado al chocolate y al aguardiente. ¡Siquiera muriese uno así todas las semanas!

SHAGUIT.—¡Pobre Jaun! ¡Pobre amigo! ¿Quién me protegerá a mí, que estoy loco, entre gente tan cuerda?

CHIQUI.—(A Arbeláiz.) ¿Sabes lo que voy a decir?

ARBELÁIZ.—¿Qué?

CHIQUI.—Voy a decir que Jaun no ha muerto ; que yo he llenado su ataúd con tierra, que Jaun vive, y que no morirá ; que yo lo he escondido en una cueva del monte Larrun, y que vivirá mientras el país vasco sea esclavo de los católicos, y que cuando llegue el momento, Jaun aparecerá con el martillo de Thor a romper en pedazos el mundo de la hipocresía y del servilismo, y a implantar el culto de la libertad y de la Naturaleza.

ARBELÁIZ.—¿Y quién te creerá?

CHIQUI.—Vosotros. ¿No creéis mayores absurdos? ¿No creéis los cuentos de los católicos?

ARBELÁIZ.—Sí ; ¿pero tienes tú, como los católicos, cárceles, horcas, hogueras, jueces, verdugos, soldados para convencer a las gentes?

CHIQUI.—Es verdad ; tienes razón.

ADIÓS FINAL

EL CORO.—Desde aquí oímos tu poderosa voz, Urtzi Thor. Hasta nosotros llega tu acento. ¡Ven, ven a estas tierras meridionales! ¡Abandona el país del sol de medianoche! ¡Todo vuelve, todo retorna, tú volverás también!

URTZI THOR.—¡Adiós! ¡Adiós, Pirineos próximos al Océano! ¡Montes suaves y luminosos! ¡Valles verdes y templados! ¡Aldeas sonrientes y sonoras! ¡Adiós, viejos vascos altivos y joviales de perfil aguileño! ¡Adiós, mozas alegres y danzarinas! Os saludo por última vez desde mis desiertos helados. ¡Adiós! ¡Adiós para siempre! ¡Adiós!

Itzea, marzo, 1922.